JN084630

社会言語学の
枠組み

井上史雄 [編著]
田邊和子

堀江　薫
渋谷勝己
塩田雄大
[著]　山下早代子
笹原宏之
小野寺典子
泉子・K・メイナード

くろしお出版

まえがき

　この本は社会言語学についての入門書として企画された。大部分の読者に
とって、社会言語学という学問に触れるのは初めてと考え、前提の知識なし
に、読めることを目指した。

　従来の社会言語学の概説書の多くは、取り上げる対象や分野に偏りがあっ
た。そこで、本書では、社会言語学という学問の全体が論理的に分かるよう
な体系的な枠組みを採用した。この枠組みでは、変異を扱う方向と談話を扱
う方向を組み合わせ、かつ地表上に広がる面積の大きさによって配列したの
で、個々の現象を一定の研究分野に位置づけることができる。本書全体とし
て大から小へ向かうという流れ、ストーリー性がある。世界全体を見渡す大
きな視点から話が始まり、一言語の中の方言差や性差、集団差、敬語、文字
のように、個人の使い分けの話になり、個人のことばの並べ方に移ってい
く。従来の社会言語学概説書と違うところは、言語相対論を冒頭におき、文
字についての独立の章を設けたこと、談話についてしかるべき位置を与えた
ことである。

　従来の概説書では学問全体の構成が分かりにくかったが、本書の枠組み
は、図書館や自宅の本の配列にも役立つ。図書館の十進分類法 NDC（第 10
版）では、「801 言語学」の中の「801.03 社会言語学［言語社会学］」と位置
付けてあるが、著者名と購入順でなくその内容によって並べたいときに、応
用できる。漏れなく配列できるはずである。十進分類法の発想を生かして、
第 0 章から始める（中も 0 節から始める）とすれば論理的だが、「ゼロから始
める」のは、書籍には無理なようなので、1 章だけ 0 節から始めている。

　本書は大学生向けの教科書として企画し、10 章に分けた。1 学期 15 週、
1 年 30 週と考えると、興味・関心に従って、1 章に 2 ～ 3 時間かけること
ができる。【推薦図書】と【調査の課題】が入っているので、さらに詳しく自
主的に学習することもできる。各章の執筆に際しては、基本課題を簡潔に紹
介し、エッセンスをもれなく記述するように企図した。索引の語のかなりは
基本的な術語にあたる。社会言語学各分野のエキスパートによる最新情報を

踏まえたまとめなので、研究者にも必須の文献と信じる。

　一般の人が読んでも役立つと考える。単に抽象的な理論を紹介するだけでなく、実用性もあり、読み物としても面白く、読み通せるような本を企図した。扱われている具体的現象は身近なもので、日常生活で「なるほど」「そういえばある、ある」と思いつくはずである。

　文献引用の形式は、社会言語学の実践的問題だが、最新の様式を採用した。現状を見ると多様で、時代による変化がある。本書のように人名の漢字をアルファベット順に並べるのには、慣れていないかもしれない。英語学では 20 世紀末期から普及しはじめたが、日本語学では五十音順がふつうである。綴りはヘボン式を採用し、シ shi ジ ji ズ zu チ chi ツ tsu フ fu などを用いる。アルファベット順に並べるとしても、中国・韓国の人名は複雑である。NHK のように相互主義をとって、中国語については漢字音読み、韓国語については韓国語読みを採用する方針もあるが、時代による正書法の変化があるし、本人が英語綴りを決めた例もある。李（Ri Li I）、任（Nin Im Yim）、朴（Boku Pak Park）などが典型だが、本書では章ごとの文献目録にしたので、目立たない。文献の使用言語によって大きく分ける方式もあるが、同一人物の著作が分かれる。レポートや卒業論文で引用文献を並べるときには用心して、「アルファベット順」「五十音順」などと目録冒頭に記すことを勧める。また単行本は『　』、論文は「　」で囲むことを勧める。そのようにしないと、教員（の専門分野）によっては、とまどうこともあるからである。

　この本を足がかりにして、身近なことばへの関心を持っていただきたい。社会と言語の関係を、新鮮な見方によって、読み取ることができるだろう。社会の中でのことばの多様性を通して、新しい見方を身に付けていただければ幸いである。そして、現代社会で役立つことばの効果的な使い方、理想的な対人関係の形成も含めて、本書が実践的な言語使用に役立つことを祈る。この本が少しでも好奇心をかきたて、将来に役立てば幸いである。

2022（令和 4）年 10 月 13 日

井上史雄

田邉和子

目　　次

──────────── 第1章 ────────────
社会言語学の枠組み　動向と展望
井上史雄 ……1

──────────── 第2章 ────────────
言語と社会の規定関係
堀江　薫 ……23

目　　次

―― 第 **1** 章 ――

社会言語学の枠組み
動向と展望

井上史雄

この章のポイント

本書では 10 章に分けて、社会言語学の諸分野を見渡す。論理的・系統的な順番に従って、網羅的に概説する。この章では本書全体の枠組みを示し、また最近の社会言語学の隆盛を確かめる。個々の術語については、後の章で詳しく触れる。

— 0 —
社会言語学とは

0.1 社会言語学の位置

　社会言語学は、社会と言語の関係を扱う研究領域である。社会学と言語学との境界領域で、それぞれの研究分野の隣接科学の位置にある。かつては「すきま産業・アイデア産業」のイメージがあったが、社会学と言語学の両方に興味を持つ人が増えて、今は確立した研究分野になった。社会学と言語学、それぞれの領域の研究で、他の学問の助けを借りて明らかになる現象は数多い。

　社会学と言語学のどちらを出発点におくか、または重点をおくかで、名称にはゆれがあった。初期には「言語社会学」とも呼ばれたが、言語学の下位分野であることを示すために、「社会言語学」という名称が広がった。

0.2　社会言語学の2傾向と4分野

　この節では、社会言語学的研究テーマを、「変異」と「談話」の2種の基本的視点によって位置づける。変異は、言語・方言・集団語・敬語などの、様々な言語変種がテーマである。1時点でのパラダイム（範列・系列）での使い分けの可能なことばを研究する。談話は、時間軸に沿ってことばをどう並べるか、つまり前後の文脈におけるシンタグム（連辞・統合）での規則性を課題にする。2種ともに、従来の構造言語学や生成変形文法での単一言語構造の記述や、人や社会を捨象した抽象的研究への批判・反動として1960年代以降発展した。

　変異と談話という基本的発想の2種を組み合わせると、表1に示すような4分野に分けることができる。変異を第2分野に、談話を第3分野に位置づけ、第1分野と第4分野を付け加えた。第1分野は2種の基本的発想がないもの、第4分野は基本的発想が2種ともあるものにあたる。ネウストプニー（1978）の構想を発展させ、整理したもので、この4分野を使うと、社会言語学の概説書の章分けを、どこかに順番づけて位置づけできる。

表1　社会言語学の4分野

社会言語学の4分野		変異の有無	
		単一・単純志向 単一構造に着目	複数・複雑志向 複数変種併存に着目
談話の有無	言語構造の記述 （言語そのもの） ラング	第1分野　言語構造の記述 （社会・文化と言語の関係） （言語相対性）	第2分野　言語変異の記述 （言語・方言・集団語・文体差の記述）（変異理論）
	言語運用の記述 （言語の使い方） パロール	第3分野　言語（体系）の運用 （談話規則）（談話理論）	第4分野　言語変異の運用 （談話における使い分け） ランガージュ

　横に並んでいる第1分野と第2分野は、言語構造の記述で、従来の言語学で盛んだった。第3分野と第4分野は言語運用の記述で、ことばの並べ方、使い分け、話題や結論をどう並べるかを扱い、のちに盛んになった。縦に分けると、左側が単一・単純志向で、単一の言語に単純な規則性があると

いう視点に立つ。右側が複数・複雑志向で、言語は複雑で、人間は複数の言語、方言、敬語を使い分けると考える。なおラング・パロール・ランガージュは、近代言語学の開祖ソシュールの用語で、それぞれ社会の体系としての言語、個人の言語使用、社会全体の言語活動にあたる。

　第 1 分野から第 4 分野への順番は、これまで 100 年以上の学説史の発展とも一致する。また、言語学習者が初歩から上級に至るまでに興味を持つ順番や、周囲から期待される能力の程度にもほぼ比例する。

　この 4 分野の枠組みは日本語以外にもあてはまる。日本語の諸現象を出発点に、この枠組みを外国語に適用してその妥当性を探る道もあり、この枠組みをもとにして未開拓の研究領域に気づくこともある。理論や研究技法は研究対象と別レベルであり、日本語の現象は、他の言語でも検証可能である。それぞれの研究分野の考え方を柔軟に受け入れた上で、自分に役立つ情報を得るのが、あるべき姿である。

0.3　本書の構成

　本書では、表 1 の 4 分野の枠組みをもとに、社会言語学の諸現象を整理する。本書の各章を社会言語学の 4 分野にあてはめてみよう。第 1 分野（言語相対性）には第 2 章が関わる。第 2 分野（変異）は、地表上の分布の広さによって下位分類される。言語差、方言差、性差、集団差、敬語、文字が扱われる。第 3 章から第 8 章で扱う。第 3 分野には第 9 章、第 4 分野には第 10 章があてはまる。多様なテーマについて、現在までの研究蓄積に応じ、まんべんなく扱う。

0.4　社会言語学の視点

　社会言語学概説書などには、別方向からの並べ方がある。「言語と社会階層」「言語と性」のように、言語外の現象を基準に配列する方法である。社会階層の章で言語 A の発音、方言 B の語彙、言語 C の文法などの例が取り上げられ、似た（同じ）現象が性や年齢の章でまた取り上げられる。これに対し、言語の側に基準をとると、繰り返しが少なくなる。この本でとる 4 分野の考えでは、言語現象が一定の分野に位置づけられ、順番づけられる。

第 2 分野（変異）については、地表上の広がりに応じて「言語、方言、性、集団語、敬語、文字」などの順に記述される。その説明原理で、似た場面や心理などが繰り返し現れるが、それはことばの使い分けの根本原理が共通であることを示す。心理的距離や価値が社会言語学の基本と認められる。

　以下、表 1 の分野ごとに節を分け、取り上げる章を示しつつ、各分野を概観する。

— 1 —
第 1 分野　社会と言語の関係（第 2 章）

　本書ではまず第 1 分野として、社会と言語の相互影響を扱う。言語構造の記述において社会と言語の関係を見る分野で、古く 19 世紀以来からあった。異なったことばに接したときに、ことばそのものを覚え、記録するのが出発点とすると、その文化的・社会的背景に興味を抱くのが次の段階である。

1.1　言語相対論

　第 1 分野では、言語構造と文化の関係を見る。つまり単一言語体系の共時的記述から分かる文化・社会を扱う。アメリカの言語学者サピアとウォーフが唱えた「言語相対性の仮説」（言語相対性理論、サピア・ウォーフの仮説）では、言語と文化の 2 項の相互影響を考えた。従来の言語相対論では、個人の言語と、社会集団の共有財産としての言語を識別せずに、言語と外界の制約・依存関係を論じてきた。しかし、個人の認知を中間項に入れ、循環過程としてとらえると、影響関係が説明できる。

1.2　語彙の対照研究

　親族名称・呼称にも、文化的背景がよく表れ、言語学でも民族学 = 文化人類学でもよく扱う。ことばは文化の見出し・索引とも言われ、単語の意味の分け方を探ることにより、背景の文化や社会を知ることができる。

— 2 —
第 2 分野　言語の変異（第 3 章〜第 8 章）

　第 2 分野は、言語の変異・変種・多様性・バリエーションの記述で、マクロの社会言語学とも呼ばれる。ある言語の習得や研究が進むと、その内部の違いにも興味が広がる。内容が豊富で、本書でも大部分を占める。地表上の分布の広さによって、大から小へと並べられる。言語そのもの以外に、言語意識、言語イデオロギー、方言意識などのテーマもこの分野に位置づけられる。

　第 2 分野の背後の原理の 1 つは、価値で、「言語は価値を持っている」という考え方である。社会的な価値、お金に換算できるような値段・価格が、言語に付いているとする。隣接分野の経済言語学の考え方がその典型である。「格差」は、価値に関わる。

2.1　言語の地位と格差（第 3 章）

　まず言語そのものを取り上げる。言語間の社会言語学的研究を見よう。地表全体に広がる諸言語間の研究は、言語の地理学、生態学としても記述される。国内外の日本語・外国語の使用に関しては、言語計画、言語政策で使われる術語（地位計画、実体計画、普及計画）の区別が便利である。

　言語が接触する原因は、昔は国家の興亡・国境の変更が多かったが、今は人の移動が多い。現実の社会を見ると、諸言語は上下に層をなし、英語（帝国主義）が頂点になり、消滅危機言語が下積みになる。そのメカニズムの解明、言語の復活・活性化は現代社会言語学の実践的課題である。言語間のこの格差は、外国語学習に影響を及ぼす。ほかに「民族と言語、言語帝国主義、言語忠誠度、日本語三位一体説（言語・民族・国家の領域の一致）」のような研究テーマもある。

2.1.1　継承語の地位

　年月が経ち、人の移動が固定すると、言語の保持が問題になる。ハワイや北米・南米などの移民では、3 世代で言語の入れ替えが起こる傾向がある。ただし 3 世以降でも保持する場合がある。日本国内の外国人にも同様の問

題がある。

2.1.2 言語市場と経済言語学

言語接触に関連して、言語間には言語市場が成り立つ。言語変種が一地域社会に共存すると、上位 High・下位 Low の格差が生じる。言語市場では、世界の言語が H と L で位置づけられる。市場価値は、言語の知的価値を言うが、その他に言語には（愛国心・愛郷心にあたる）情的価値もある。

国家と言語の関係の理論は、言語政策研究の領域であり、欧米でも盛んである。言語学習、外国語の習得は、社会言語学の重要な課題である。帰国子女や在日外国人の言語能力は「言語資源」として活用できる。日本語は習得の難易度が高く、欧米人からは「悪魔の言語」と言われた。日本経済が盛んだったころは投資として学習する人も多かったが、バブル崩壊後、投資効果が下がった。

2.1.3 言語接触と干渉

言語接触は、日本でも 20 世紀後半から目立つ。異なった言語の接触があると干渉が起こる。言語接触の初期段階として、単語レベルの借用がある。単語による違いや受け入れ国による違いなどを世界規模で見る研究が進んだ。借用語の情的・装飾的機能も、見逃せない。借用というと外来語を思い浮かべるが、逆に海外に進出した日本語は「外行語」と呼ばれ、最近研究が進んだ。

太平洋や南北アメリカのかつての移民の言語も含め、地理的視野が広がった。旧植民地などの残存日本語の研究も進み、台湾原住民の一部に伝えられた日本語クレオールも発見された。

2.1.4 言語計画としての表記改革

言語政策・言語計画は社会言語学の実践・応用として重要な分野である。近代日本の言語政策はほとんどが表記に関わるものだった。漢字削減の議論は昔からあったが、戦後の当用漢字と現代かなづかいで、本や景観の文字は一変した。その後常用漢字が増え、人名用漢字も増えた。しかし街頭の景観文字としては、アルファベットが増え、漢字は減っている。日本は戦後単一言語国家になり、三位一体説が実現された。その後国内の外国人も増え、多言語社会が出現し、多言語対応・多言語サービスが問題になっている。

2.2 方言間の格差（第 4 章）

2.2.1 標準語と共通語

第 2 分野の 2 番目のテーマは方言だが、言語と方言の境界はあいまいである。ことばそのものの類似度や理解は客観的にかつ数量的に測ることができるが、連続的で、境目を決めるのが難しい。実際にはことば以外の要素によって言語としての地位（方言でないこと）が決まる。国家の公用語（の 1 つ）と定められると、独立言語としての地位が確定する。かつての琉球王国、現在の沖縄県や奄美諸島のことばが、独立の言語なのか、日本語の方言なのかは、社会言語学の基本問題である。

一言語の中に「方言間の格差」があり、価値が変動している。まず標準語・共通語と方言との対立がある。日本語の術語「標準語」と「共通語」は戦後以来使い分けられている。また諸方言の間にもイメージの差がある。

2.2.2 方言の 3 類型

日本語方言の社会言語学的な位置づけは、歴史的に 3 類型の変遷ととらえて、共通語使用能力と関係づけうる。方言の第 1 類型は撲滅対象で「方言は悪いことば」というとらえ方で、戦前に多かった。第 2 類型は客観的・中立的な記述の対象として扱う。これは現代まで続く。最近目立つのは第 3 類型で、娯楽の対象として方言を扱う。今は方言がマスメディアに登場し、文章にも使われる。方言が一種の文体として使い分けの道具になっており、アクセサリーとして、またはコスプレとして、使われる。

2.2.3 方言調査と方言地図

1960 年代には方言の地理的研究が盛んになった。当時の日本語方言においては、地理的変異が社会的変異よりずっと大きかったからである。地域の平均的な生え抜きの人が、インフォーマントとして選ばれた。方言地図によって、標準語がかつては京都から、近代には東京から広がったことが明らかになった。

2.2.4 新方言・ネオ方言

日本語方言の社会言語学的研究として、「新方言」があげられる。共通語化や差別語・不快用語の言い換えなどが「上からの言語変化」とされるのに対し、新方言は「下からの言語変化」である。似た用語「ネオ方言」は、

共通語と方言がまじった表現を指し、中間的文体である。沖縄大和口（ウチナーヤマトゥグチ）が典型である。

2.2.5 福祉言語学とやさしい日本語

福祉言語学（ウェルフェア・リングイスティクス）は、外国人のための「やさしい日本語」の開発として現れた。東日本大震災はじめ、災害時に方言が活用されて役立った。実践方言学が生まれ、社会への成果還元を目指した研究へと、脱皮しつつある。

2.3 性差・集団差

言語差・方言差は地表を細分するが、その下に位置するのは、集団語である。集団間の違いとしては、成員の数の多い方から、以下が考えられる。性差（ジェンダー）、年齢差・世代差、社会階層差、集団語、役割語など。地域方言に対する社会方言として位置づけられることもある。

2.3.1 性差（ジェンダー）（第5章）

集団として成員数の多いのは性差である。特に女性解放運動の波に乗って、研究が盛んになった。日本語の性差は大きい。社会的にも理論的にも重要なので、本書では1章を与える。

2.3.2 集団語（第6章）

狭義の集団語は、青年期以降主に単語（まれに文法的現象）を習得することにより成立する。集団語は、他集団との隔絶の現われでもある。心理的距離調節にも使われ、後述のポライトネスとも関係する。日本で研究が盛んである。

2.3.3 年齢言語学

ことばの年齢差・世代差について、年齢言語学が成立しうる。世代ということばは、2つの意味で使われる。1つはライフステージで、個人が一生のうちに経る（年齢階梯制による）成長段階で、もう1つは同一年齢集団、すなわちコーホートである。個人が成長に従って身に付けることばも、1時期の流行と言語変化によるものの区別がなされた。

集団語の1典型として、若者語がある。若者語は4分類できる。基準は、数十年後の同一ライフステージ（若者）と、数十年後の同一コーホート（か

つての若者）の比較である。第 6 章で説明するように、「1 一時的流行語、2 コーホート語、3 若者世代語、4 言語変化」に分けられる。

　就職して社会人として使うのは職場の専門用語、業界用語などである。ライフステージとして、退職すると、専門語の世界から離れる。老人語は「廃語、消えた日本語、死語」などとも呼ばれる。

2.3.4　社会階層差への関心

　社会方言つまり階級方言、階層方言の研究は日本では栄えなかった。社会言語学でも、階層差は正面から論じられなかった。「一億総中流意識」が背景にあった。その後は「格差社会」が論じられ、外国語能力、共通語化、敬語使用などにも社会階層差があることが指摘されている。

2.4　敬語・待遇表現（第 7 章）

　以上では、地表上に位置づけできる言語と方言という変異と、さらに個人の所属集団に関わる変異を見た。以下では一個人内の変異（変種）について論じる。このうち敬語は日本語で特に発達していると言われ、社会的活動にも必須である。「待遇表現」が敬語の上位概念で、基本原理の心理的距離は、2 言語の使い分けや標準語・方言の使い分けと共通である。

2.4.1　敬語の歴史的発展

　敬語の歴史的発展を見ると、タブーや自然物敬語が出発点で、素材敬語（尊敬語と謙譲語）から、中世以降対者敬語（丁寧語）が発達し、今も継続して進行中である。性差・社会階層差があり、普遍的な一般法則としての敬意低減の法則や民主化・平等化の傾向がある。

　敬語の成人後採用が「〜ていただく」などで明らかになった。若者の新敬語「っす」、ため口、素材敬語不使用が観察されるが、この年齢差は言語変化の反映であり、敬語史の長いタイムスパンで位置づけられる。世界地図上に位置づけると、敬語は東アジアに発達し、社会経済的発展と関係すると読み取れる。

2.4.2　卑罵語

　卑罵語は敬語の逆方向とも言えるが、敬語の発達している近畿地方で卑罵語も発達している（クタバル、〜クサルなど）。国語教育・日本語教育で習

得が積極的に求められることも少なく、研究も少なかった。本書でも扱わない。

2.4.3　タブー・差別語

タブーに関しては、古代の忌みことば、言霊信仰とからめて、明治以来の研究がある。忌みことばは、言語行動に影響する。たとえば結婚式などで、または受験生の前で特定の単語がタブーとして避けられ、話題も規制を受ける。公共場面で、（セックス・排泄・身分職業などの）タブーがある。差別語・不快用語の排除、ことば狩りも関係する。フォリナートークでも、相手が不愉快になると思われる話題は避けられる。

2.5　個人内の変異（変種）

以下では、一個人の変異（変種）について、敬語関係以外を扱う。場面による変異の選択である。

2.5.1　個人語

個人語は変異を扱うための基盤である。一個人は複数の個人語を持ちうる。個人の内部での共存体系も考えられ、場面により使い分けられる。

2.5.2　文字論（第8章）

文字は、話しことばよりもあとで習得されるし、歴史的にものちに発生し、無文字文化もあるので、言語学の主対象から外されることもあった。文字論を研究するには、日本語は最適の言語で、文字の社会言語学として、場面差と社会集団差の面から、様々なテーマがある。

— 3 —
第3分野　談話の規則（第9章）

3.1　談話の規則性

社会言語学の第3分野は、時間軸に従って、文脈に沿って、ことばを並べるときの、談話の規則性を研究する。言語の運用、使い方に関わり、コミュニケーション能力、社会言語学的能力・社会言語学的規則と呼ばれる現象を扱う。ミクロの社会言語学の中に位置づけられる。第3分野では第1分野と同様に単一の言語体系の運用として扱う。

　言語学の分析単位は長くなる傾向があった。20 世紀初頭の構造言語学の初期には、音韻論のように個々の音声・音韻が記述された。その後単語の語彙論や文節単位の文法研究が進み、20 世紀後期には文の研究に移った。さらに長い単位が文章におけるパラグラフや、談話の話段、話題などである。つまり 21 世紀には言語学そのものが、社会言語学の談話研究に接近した。

　第 3 分野談話の研究は、語用論とも関わる。戦後日本の国語学では、「言語生活学」の一部として位置づけられ、「読む 書く 話す 聞く」「考える」生活の研究と位置づけられた。

　談話の進め方には規則性がある。談話行動は熟練労働で、それぞれの文化で一定の型がある。談話研究が盛んになったのには、外国人との対面コミュニケーションが増えたことが背景にある。談話をどのような順序・ストラテジーをもって運ぶかが課題であり、パラ言語（副言語）や非言語行動（近接学、ジェスチャーなど）も視野に入る。従前は、言語は情報伝達の手段と見なされ、知的な内容を伝えるための研究が行われた。それを補うものとして言語の情的な面への配慮が研究対象になり、談話の規則性への関心が高まった。談話の規則性は、話し手が無意識に熟練労働として習得することが多く、敬語実用書で言及されることもある。第 3 次産業、情報産業によって対人交渉が盛んになると、談話への関心が広がる。

3.2　談話の基本原理：ポライトネスと協調の原則

3.2.1　ポライトネス理論

　談話の規則性の大きな原理をまず取り上げよう。ポライトネス理論では、主に対面した人どうしの関係を扱い、相手のフェイス（カオ、メンツ）を立てようとする言語行動を分析する。日本語の「敬語」や「待遇表現」よりも広い概念で、言語普遍的な現象である。ポライトネス理論では、話者間の社会的距離、話者間の力関係、用件の負荷度に応じて、重さ（重大さ）が変わり、言語表現が変わると、設定してある。

3.2.2　協調の原則

　協調の原則も、言語普遍的な大原則で、会話では、次の 4 個が必要とされる。1. 量、2. 質、3. 関連性、4. 様式。学校の教室会話や、会議の進め方、

儀式、裁判などの公的な場面で重視される。

3.2.3 談話の分析単位

時間軸に沿った談話の規則性は、2つに分けられる。(1) 内面的規則性は、一人で話すときのことばの並べ方、使い方、談話の内部構造を扱う。(2) 外面的な談話規則は、複数の人の対話で問題になる。談話の内部構造にも普遍性がある。手紙の書き方が典型で、両側から本題を包む三連構造（前置き、本題、しめくくり）を成しており、レポート・論文の構成、用談・会談にも適用される。

談話は、談話機能要素に分けられる。結論を最後に回し、さらには相手に言わせるのは、ポライトネスと関わり、日本人の言語行動の特色とされる。根本原理として、相手への心理的距離が、発話の長さや間の長さなどの時間軸に反映される。

3.3 談話の規則

以下では言語行動の構造を規制する細かい規則性を見る。音声としてのことばだけを取り上げるが、映像を使い、非言語情報としての対人距離や動作、表情、視線などを考慮した研究も増えている。

3.3.1 言うか言わないか

まず言うか言わないかの違いがあり、場面・相手と関係する。恐れ多いとき、つまりポライトネス理論の負荷度が非常に大きいときには口に出さない。

3.3.2 あいさつ

人間的接触の開始として、声をかける。あいさつは実質的情報を伝えず、基本機能は、交話・交感、情的な共感である。あいさつは談話の最初、切れ目、最後に現れ、言語行動の区切り、接触の開始・継続・打ち切りを表示する。社会的な違いもあり、出会いのあいさつは、相手の社会的地位の高さ、会わなかった期間の長さ、のちの用件の重大さなどに応じて、長くなる傾向がある。

3.3.3 話し手の交替と継続

話し手の交替、順番（話順）と継続は、発言権や交替の潜在的可能性のあ

る場所などの概念とも関わる。文の完結、節の切れ目、イントネーションの下降が交替の手がかりになる。質問・割り込みの場面と社会的地位（目上・目下）による許容度などで、言語・文化の差がある。日本人の会話には「共話」が多く、相手のことばがとぎれたときに自分のことばをつなげる。逆のさえぎりは上下関係が明らかな場合によく出る。けんかのように対立的競争的関係でも見られる。

　交替と逆に、話し手が継続させる手段として一人しゃべりがある。アーウーの使用や、尻上がりイントネーション（昇降調）、半疑問イントネーションが、話し続けるために使われる。聞き手が継続させる手段として、注目、あいづちが使われる。形容矛盾だが、聞き役に徹することが上手な話し方の基本とされる。

3.3.4　対話の対　隣接ペア

　対話について、以下のような隣接ペアがある。あいさつにはあいさつ、呼び出しには返事、質問には答え、招待には受け答え、苦情には弁解謝罪など。多くの言語に普遍的な現象だが、使い方に違いがある。

3.3.5　注釈・メタスピーチ

　以上はデータを集めて分析すれば分かるような規則性である。しかし、「〜しない」という習慣は気づかれにくい。不出現の現象（許容されない言語行動）の分析に役立つのが、注釈・メタスピーチである。談話を実行しつつ、別のレベルでモニターし、ことばに表す。話題、型、知識、様式、談話の要素などについての適切さの判断が、注釈の形で口にして言及される。「はっきり言って」「失礼とは思いますが」「話が長くなりますが」「御承知のように」などが例である。これを分析すると、何が問題のない談話なのかの手がかりがつかめる。

　同様に、ことばづかいの約束ごとを言語化する現象として、しつけ（言語社会化）がある。いつの段階で何を子どもにしつけるかで、言語行動の難易度を知ることが可能である。「育ちのよさ」「お嬢様」かどうかの判断はことばづかいによることもある。

　以上のように、我々の何気ない日常会話も実は様々な原理、規則にのっとっている。これに従わない人は社会性に欠ける（空気が読めない）と評価

されることもある。

— 4 —

第4分野　談話と変異（第10章）

4.1　言語の変異の運用

　我々はことばの変異（第2分野）を談話（第3分野）の中で使いこなしている。ことばを連ねる（配列する）ときに、外国語や方言を混ぜ、改まった言い方、くだけた言い方を混ぜる。その様相や基準を扱うのが、第4分野で、談話の中での変異の運用状況、変異の選択規則がテーマである。第2分野と第3分野におけることばの使い分けの原理を、言語普遍的な理論の中に位置づけることが、第4分野の課題である。その基準として、（心理的）距離がある。言語行動を社会的距離表示として把握できる。

　第4分野でも第2分野と同じく、言語の側から（言語、方言、集団語などの順に）配列できる。

　　（1）言語の使い分け、つまり、個人が異なった場面・文脈で行う「コード切り替え」の研究については、蓄積が多い。最初と最後のあいさつ部分で、相手の使う言語や方言を選ぶと親近感が生まれる。実質的な知的コミュニケーションが必要な用談部分（本題）では、本人に使いやすい（誤解なく表現できる）言語が選ばれる。

　　（2）標準語と方言の使い分け・コード切り替えにも、似た選択原理、社会心理学的メカニズムが作用する。私的な話しことばで使われていた方言が、マスメディア、街頭の景観にも使われるようになった。

　　（3）集団語（性差）や敬語の使い分けも、同様に説明される。意図的に使ったり控えたりして、相手との距離感や場の雰囲気を調整することができる。

以上のいずれでも、聞き手と同じことばを使うことによって、心理的距離を近づけることができる。実際の談話の場面では言語変異の出現が意図的にまたは無意識に行われている。言語や方言のコード切り替えについての第4分野の研究は、第2分野の変異と第3分野の談話の研究の結合として、基盤が固められている。

4.2　アコモデーション理論

アコモデーション（応化）理論は、対話者間の心理的距離調節をとらえる理論で、第 4 分野の基本原理と言える。アコモデーション理論によれば、相手に合わせ、相手と同じ話し方をし、相手と同化し、受容する態度をとることによって、ポジティブ（好意的）な反応がえられる。逆に、聞き手と違うことを言い表すことでネガティブな態度表明もできる。

4.3　言語管理理論

言語管理理論は、第 4 分野に位置づけられる。その守備範囲は、1. 単純管理（個人の相互行為、談話）と 2. 組織管理（集団の言語計画、マクロの言語政策）を含む。単純管理は談話の中での変異を扱って普遍的理論を追求する。単純管理は、まさに第 4 分野の理論である。

4.4　ディスコース ポライトネス

社会心理学的距離の規定要因についての様々な理論の 1 つが「ポライトネス理論」である。その発展としてのディスコース ポライトネスは、敬語・ポライトネスに関する言語管理の実証的研究として位置づけられる。一連の談話を収録し、談話の内部でのポライトネス段階の動的な変化に着目する。これは談話における変異の動的な動きを見るもので、第 4 分野の実現と言える。日本語では敬語があるので、談話の内部での動的な変化が分かりやすい。談話の開始から終了までの全体を扱うと、ポライトネスの（下降、上昇の）変動は大きい。言語普遍的現象かを検証する価値がある。

4.5　談話と変異の創造性

談話の規則を突き破り、言語の変異を創造性豊かな表現手段として使う現象も見られる。特に、書きことばの中でも自由が許されるポップカルチャーを中心としたジャンルで、その傾向が著しい。本書第 10 章では、変異と談話に関して、その規則性と創造性に着目する。

4.6　歴史社会言語学

　以上で述べたのは主に一時点（現在）の状況の共時的記述だった。過去の状況にふれるとしても断片的言及だった。しかし最近は過去の歴史的状況を踏まえた通時的研究への関心も高まった。過去の文献をコンピューターデータに集積した歴史コーパスが増えたおかげでもある。

　本書第2章以下でも、過去のデータを扱っており、通時的な変化の規則性・法則性への言及もある。第2分野で扱う各種の変異（変種）が第3分野の談話の中で使われ、第4分野として集団としての慣行に発展する。社会全体に普及すれば、第1分野で論じるような社会全体の認識や文化として確立することになる。各種の言語変化を循環過程ととらえれば、人類言語の変遷を新たな目でとらえなおせる。

　以上で社会言語学の内部の4分野を概説した。以下では社会言語学全体を他の学問・研究分野との相互関係として位置づけてみよう。

— 5 —
社会言語学の研究動向

5.1　言語学の隆盛

　社会言語学の学問的位置について、社会言語学の標準的な実証手段である調査データをもとに論じよう。社会言語学は、構造言語学の発展として、また生成変形文法への対立物として成立した。関連分野の英語の用語の変遷を見る。

　言語学は、隣接科学と比べると後発の学問である。それぞれの学問分野の学説史をひもとけば分かるが、これまでに出版された書籍の中での使用頻度数を見ても分かる。かつては不可能に近い手法だったが、Google Ngram viewer（グーグルエヌグラムビューアー）の公開によって可能になった。Google Books（グーグルブックス）でデジタル化された英語の本 800 万冊のビッグデータがもとである。

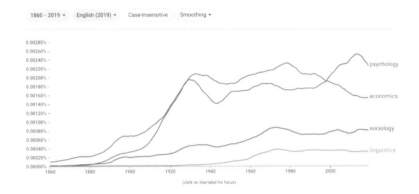

図 1　言語学関連 4 分野の盛衰（Google Ngram viewer）

　英語の本のデータを使い、言語学（linguistics）、心理学（psychology）、経済学（economics）、社会学（sociology）の盛衰を見る。図 1 に示すように、economics と psychology は、19 世紀末期に使われはじめ、競合していたが、21 世紀には psychology が追い抜いた。Sociology は 19 世紀末期に萌芽を見せて、広がった。Linguistics の発生と普及は遅く、多く使われるのは、20世紀半ばからである。1970 年ころに（sociology, psychology とともに）やや多く使われたが、その後は横ばいである。言語学者が使っても、本の中では使われなかったわけである。

5.2　社会言語学の隆盛

　次に図 2 で言語学内部の分野の盛衰を見よう。言語学の細分類の名称、構造言語学（structural linguistics）、変形文法（transformational grammar）、心理言語学（psycholinguistics）、社会言語学（sociolinguistics）には、流行が認められる。1960 年代に structural linguistics が盛んになり、1970 年代に transformational grammar が急に伸びた。しかし長くは続かず、同じころ現れた psycholinguistics は、その後も存続した。Sociolinguistics は 1970 年代に急に盛んになり、その後も衰えない。若い学問分野だが、一時の流行ではない。他の 3 分野は 20 年か 30 年経って衰えたが、sociolinguistics は長く続いている。以上の発生と普及の順番は、学問史の記述とも一致している。

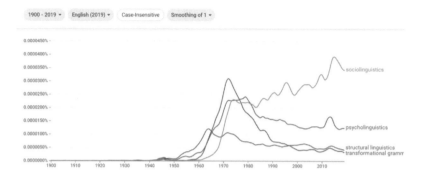

図 2 言語学の分野の盛衰（Google Ngram viewer）

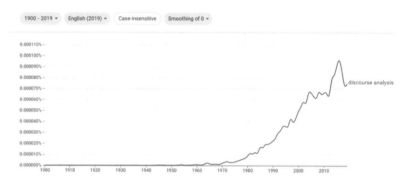

図 3 discourse analysis の盛行（Google Ngram viewer）

5.3 社会言語学の 2 傾向：変異と談話

　前述のように、社会言語学的アプローチには、変異と談話の 2 傾向がある。はじめは変異が主テーマだったが、のちに談話研究が出た。図 3 で見ると談話分析（discourse analysis）は 1980 年代に現れ、21 世紀初頭にピークがあった。社会言語学が構造言語学、生成変形文法、心理言語学に比べて生命力が長いのは、変異だけでなく、談話まで守備範囲を広げたためもある。

　以上は英語の書籍を手がかりにした分析だが、ヨーロッパの他の言語でも似た傾向が見られる。

5.4 日本の社会言語学

　日本語については英語のような大規模データベースが整っていない。しかしインターネット情報を活用すると、昔は想像さえできなかった集計・考察ができる。

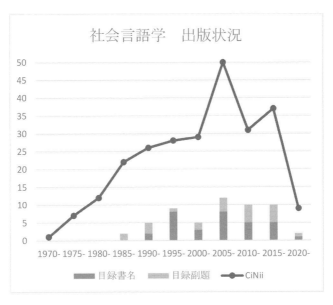

図 4 「社会言語学」と題する書籍の出版状況

「データベース日本書籍総目録」で、戦後の書名の検索ができる。またCiNii（サイニイ、国立情報学研究所）のデータベースで「大学図書館の本をさがす」ことによって、一般書籍以外に報告書などを含めた出版物の検索ができる。「社会言語学」を書名または副題にする本を検索した。図 4 の積上げグラフで示すように、「日本書籍総目録」での一般書は、20 世紀末期に出版されはじめ、21 世紀に入ってからは年 1 冊（副題を入れると年 2 冊）のペースで出ている。図 4 の折れ線 CiNii は、報告書なども含み、1970 年代から出版されはじめ、2005 年頃にピークがある。グラフの最後の柱が低いのは実質 2 年分だからである。

戦後の社会言語学研究文献を集めた成果がある。個々の学術論文を含む。1950 年代から 2000 年代初頭までのグラフによると（真田他 2021）、1950 年代以来増え続け、1970 年代から急に文献が多くなり、1985 年頃にピークがある。その後コンスタントに出ている点は、図 4 の出版物と似ている。

　社会言語学が盛んな背景を考えよう。日本語内部のことばの違いとして、以前は方言差が大きかったが、その後共通語化が急速に進行し、地域差よりも年齢差が目立つようになった。また共通語と方言の使い分けも広がった。その後の経済発展により人口大移動があり、都市居住者が増え、また外国人の来日も増えた。このような言語環境の変化に応じて、社会言語学の書籍も増えた。

　2011 年の福島原発事故、2020 年からのコロナ禍は、研究者を取り巻く環境に影響を与えた。しかし社会言語学者は、白亜の殿堂の象牙の塔に閉じこもって、机上の議論を交わす虚学ではなく、実学として、世のため人のために、役立とうとした。数量だけでなく研究内容を見ると、その時々の社会問題に応じて言語の視点から切り込んでいる。福祉言語学や実践方言学を提唱して、解決策を提示している。今後も着実な研究が進むと期待される。

― 6 ―
まとめ　社会言語学の位置

　日本の社会言語学は欧米と独立に、欧米に先立って発展した。社会言語学の発展は、社会全体の動きを反映する。研究者も読者も、自分の関心に左右されるが、長い目で見ると、関心は社会全体の動きをよく反映する。社会全体の立場から言語を位置づけることができるし、言語を通して社会のあり方を解明できる。社会言語学は、有益で有意義な学問なのである。

■ 参考文献 ―――――――――――――――――――――――――――――――――

井上史雄（2008）. 社会方言学論考―新方言の基盤―. 明治書院.

井上史雄（2011）. 経済言語学論考―言語・方言・敬語の値打ち―. 明治書院.

ネウストプニー（Neustupný, Jiří V.）（1978）. *Post-structural approaches to language*. Tokyo: University of Tokyo Press.

真田信治 (1990). 地域言語の社会言語学的研究. 和泉書院.
真田信治・朝日祥之・簡月真・李舜炯 (編) (2021). 新版　社会言語学図集. ひつじ書房.
柴田武 (1978). 社会言語学の課題. 三省堂.
宇佐美まゆみ (編) (2020). 日本語の自然会話分析—BTSJ コーパスから見たコミュニケーションの
　　解明—. くろしお出版.
米川明彦 (1998). 若者語を科学する. 明治書院.

■推薦図書 ────────────────────────

真田信治 (編) (2006). 社会言語学の展望. くろしお出版.
　　日本の社会言語学の中堅と若手の分担執筆により、多くの分野を見渡す。
田中春美・田中幸子 (1996). 社会言語学への招待. ミネルヴァ書房.
　　社会言語学の諸分野について海外の研究を含めて広く概説する。
トラッドギル, ピーター (1975). 言語と社会. 岩波新書.
　　世界の諸言語について、民族や性、階級などとの関係を概説する。

調査の課題

1 この本の面白そうな章の【推薦図書】を選び、インターネットで検索してみよう。Google books（グーグルブックス）、Google scholar（グーグルスカラー）、CiNii（サイニィ）、amazon などで何ができるか、特徴を把握しよう。（一部分だけでも）本文を読める場合は、目を通してみよう。

2 Google Ngram viewer（グーグルエヌグラムビューアー）と Google trends（グーグルトレンド）を使うと、英語（といくつかの主要言語）の単語の使われ方の変遷が分かる。この本で使われている英語の術語がいつごろ出たかも分かる。試してみよう。

3 図書館で、社会言語学関係の本が日本十進分類法（NDC）の請求番号のどれに対応するか、どれくらいあるかを確かめよう。ネットでも分かるだろうが、足を運び、現物を見、手に取って中身をのぞいてみよう。汚れ具合、痛み具合は、（ふつうは）人気の高いことを意味する。

———— 第 **2** 章 ————

言語と社会の規定関係

堀江　薫

この章のポイント

この章では、言語と社会の相互関係を考える基盤として、サピア・ウォーフの言語相対性の仮説の学史的位置づけと現在における再評価の動向、さらに言語と社会的要因（例：社会的認知や社会のサイズ、接触の密度）の相互関係を探究する多様な「類型論」のアプローチをケーススタディとともに紹介する。その上で、言語が社会や文化によってどのように規制を受けているか、異なる言語がどのように異なる社会的認知を表象しているかを実証的に裏付ける。

— 1 —
言語と社会・文化

　エドワード・サピアは「いかなる 2 つの言語も、同じ社会的現実を表していると考えられるほど十分に類似しているということは絶えてない」（Sapir 1949; 筆者訳、以下断らない限り同様）と述べた。言語の構造に社会的要因がどのような影響を与えるかという「言語と社会の規定関係」は古くて新しい研究課題であり、現在でも議論が収束していない。本章では、この研究課題への接近法について、サピア・ウォーフの言語相対性（linguistic relativity）の仮説や社会言語類型論（sociolinguistic typology）など関連分野の研究成果を踏まえて考えていくことを目標とする。なお、言語相対性の仮説においては「言語と社会」というよりは厳密には「言語と思考と文化」の規

定関係が考究されてきたが、本章では、言語と言語外の要因の規定関係という観点から社会的要因と文化的要因の間に厳密な区別を設けない。

　言語と社会の規定関係を考える上で参考になるのは、言語類型論者の観察である。言語類型論は、世界の言語の普遍性と多様性の両方の解明を目指す研究分野であるが、言語類型論者の多くは、広義の機能主義（functionalism）の立場に立っている（ウェイリー 2006, 堀江・パルデシ 2009, Horie 2018, 堀江・秋田・北野 2021）。機能主義の立場に立つ言語類型論者は言語の構造を規定しうる言語外の要因について考察してきた。(1) はそのうち代表的なものである（ウェイリー 2006）。

(1) (a) 談話（discourse）

　　(b) 処理（processing）

　　(c) 経済性（economy）

　　(d) 知覚・認知（perception and cognition）

　　(e) 類像性（iconicity）

　一方、社会言語学者のトラッドギルは、言語構造に影響を与える社会・文化的要因として以下を挙げている（Trudgill 2011）。

(2) (a) 自然環境（natural environment）

　　(b) 親族構造（kinship structure）

　　(c) 信条・価値体系（beliefs and value systems）

　　(d) ポライトネスに関わる慣習（politeness practices）

　　(e) 医学的条件（medical conditions）

　本章では、言語と社会の規定関係を考察していく上で (1) (2) のうち、いくつかの要因を検討する。本章の構成は以下の通りである。2 節では、サピア・ウォーフの言語相対性の仮説とその再評価に関する最近の研究動向を紹介し、言語と社会の規定関係に関して認知心理学や言語類型論の分野でどのような研究が行われてきたかを概観する。3 節では、言語と社会の規定関係

に関して最も直接的な探求を行っている「社会言語類型論」の概要を紹介する。4 節では、筆者のこれまでの研究に基づき日本語と韓国語の文法現象に見られる対比が言語と社会の規定関係を考える上でどのような示唆を与えるかを考察する。5 節では全体のまとめを行う。

─ 2 ─
言語相対性・言語類型論の観点

2.1　言語相対性

　言語と社会の規定関係に関して活発な論争を巻き起こしてきたのは、いわゆるサピア・ウォーフの言語相対性の仮説である。言語相対性の仮説は「フンボルト、サピア、ウォーフといった名前と特に結びついた、文化が言語を通じて私たちが考える方法、特に経験された世界の分類の仕方に影響を与えるという主張」（Gumperz & Levinson 1996）であり、「言語は社会の文化を反映するものだろうか。」「ある言語の話し手が、べつの言語の話し手と異なる思考と知覚を持つにいたる、ということはありうるだろうか。」（ドイッチャー 2012: 13）という問いに対して肯定的な答えを与えるものである（井上 1998, 南 2009 も参照）。

　言語相対性の仮説が歴史的にどのように形成され、どのような厳しい批判を受けるに至り、現在は言語相対性に関してどのような評価がなされているかはドイッチャー（2012）に詳しい。言語相対性仮説の萌芽は、19 世紀ドイツの言語学者、思想家ヴィルヘルム・フォン・フンボルトに見られる。フンボルトは、ヨーロッパ諸語とは著しく異なった特徴を持ったバスク語の観察や、アメリカ先住民言語の記述に触れる中で「言語どうしの違いは、ある言語がなにを表現できるかにあるのではなく、「言語自身の内なる力によって話し手を鼓舞し、刺激して、なにをなさせるかにある」」（ドイッチャー 2012: 170–171）という考え方を持つに至った。20 世紀になり、言語学者のエドワード・サピアは、多くの北米先住民言語を研究する中で、言語の相違が話し手の思考に影響を与えると考えるに至り、「概念の相対性、あるいは思考形式の相対性」を語り始めた。言語相対性の仮説は、非常に魅力的な仮説であると同時に、長く否定的な評価を受けてきた。その理由は、サピアの

弟子のベンジャミン・リー・ウォーフがサピアの論を大胆に推し進め、「母語は話し手の知覚と思考のみならず宇宙の物理的特性にまで影響する力を持つ、と説きつづけた」ためであった。かくして言語相対性の仮説は、真摯な考察の対象に値しない学説という否定的な評価を受けるに至った。

しかし、言語相対性の仮説に関して、「文化的差異が深いところで言語に反映されているということ、母語がものの考え方や知覚するやり方に影響しうる具体的証拠が、信頼すべき科学研究によって積み上げられてきている」(ドイッチャー 2012: 14)。言語相対性の再評価の機運は、例えば、*Rethinking Linguistic Relativity*（言語相対性を再考する）という題名を冠した論文集 (Gumperz & Levinson 1996) や、*Ethnosyntax*（民族統語論）という刺激的な題名を冠した論文集 (Enfield 2002) に収められた論考から伺える。

この再検討の契機となったのは、実はサピアに北米先住民言語の研究を指導した人類学者フランツ・ボアズの観察であった。ボアズは、言語における文法の役割について「文法は、もうひとつ重要な機能を果たす。経験のいずれの相（アスペクト）を表現しなければならないかを決定するのである。」と述べた。同様の観察を、ロマーン・ヤーコブソンは、「言語の違いは基本的に、なにを伝えていいかではなく、なにを伝えなければならないかということにある」(ドイッチャー 2012: 189) と述べている。

2.2　思考と言語

近年の言語相対性の仮説に対する見直しの動きの中で、ボアズ、ヤーコブソンの洞察に基づいて「思考と言語 (thought and language)」という概念の対から「考えること（行為）と話すこと（行為）(thinking and speaking)」という概念の対への（発想の）転換を提案したのは認知心理学者のスロービンである (Slobin 1996)。スロービンは、「思考」と「言語」という「静的」な捉え方から、「考えること（行為）」即ち「発話行為中の心的過程」と、「話すこと（行為）」即ち「当該言語の文法を具現化した発話」という「動的」な捉え方への転換を図った。スロービンは、母語習得の観点から、「話者が母語で経験を語る際にどの側面に注意を向けるかは、当該言語の文法カテゴリーのあり方と密接に関連している」と考え、「母語を習得する過程で幼

児は特定の発話のための思考（thinking for speaking）の方法を習得する」という仮説を提示している。即ち「発話のための思考」とは、「コミュニケーションのために喚起されるある特別な思考形態」である。

　スロービンは、文法を生成言語学のように抽象的な構築物として捉えず、「文法の多くの部分は、談話に関与する区別を表示する」という形で、文法を談話という具体的な言語活動と結びつけ、「文法は言語化する際に経験を体系化する一連の選択肢を提供する」と主張する。

　スロービンは、ボアズ、ヤーコブソン以来の洞察を「発話のための思考仮説」という形で一般化し、Frog Story（蛙物語）として広く知られるセリフ無しの絵本を用いて、異なる母語話者が母語の文法によってどのように発話のための思考に導かれるかを示した。例えば、木の洞から梟が飛び立とうとしており、同時に子供が地面に転げ落ち、犬が蜂の一群から逃げている場面を描写した絵本のページを見せて、「子供と犬に何が起こったか」を描写するように英語母語話者とトルコ語母語話者に指示した。

　英語母語話者は以下のように過去時制を用いて描写する（Slobin 1996: 74）。

(3) (a) The boy (apparently) fell.
　　(b) The dog was running.

　一方、トルコ語母語話者は、以下のように描写する。

(4) (a) Çocuk düş-**müş**.
　　　　boy　　fall-unwitnessed past
　　　　'The boy (apparently) fell.'
　　(b) Köpek kaç-ıyor-**du**.
　　　　dog　　run-PROG-witnessed past
　　　　'The dog was running.'

　トルコ語の例 (4) では、過去の事象を述べる時に、それに関する証拠の出所（証拠 (evidence) の有無）に触れざるを得ない。これは、トルコ語には証

27

拠性（evidentiality）という文法カテゴリーが存在し、トルコ語で話者が自ら
の過去の経験を語る際には「目撃された過去」「目撃されていない（推測さ
れた）過去」という区別が義務的であるからである。

2.3　言語類型論

　言語類型論者の中で、スロービンに最も近い立場を取っているのはエヴァ
ンスである。エヴァンスは次のように述べる。

　　「発話のための思考（thinking for speaking）」として開始されるものは、
　　当該言語において私たちが自分自身の考えを表すのに必要とするカテゴ
　　リーと情報を有していることを保証するものなのだが、（中略）私たちが
　　覚えているものを形作る思考の習慣を創造し、私たちが何に注意を向ける
　　かを導いてくれる。　　　　　　　　　　　　　　　　　（Evans 2010: 179）

　エヴァンスは、オーストラリア原住民言語及びパプア諸語のフィールド
ワークに基づき、「文法における社会的認知（social cognition in grammar）」
という概念を提唱し、「異なる文法は社会的認知（social cognition）の非常に
異なる側面を前景化する」と主張している（Evans 2010）。
　エヴァンスは諸言語の豊富な例をひいて「社会的認知」の在り方を説得的
に示している。我々に身近な例として、エヴァンスは「他者にどのような心
的・感情的状態を帰属させるかについて慎重な言語が多くある」ことを指摘
し、顕著な例として日本語 (5) の「内的感覚（inner sensations）」の帰属に関
わる私的述語（private predicates）に言及している [1]（Evans 2010: 74; 原文はロー
マ字、例文の提示の仕方を一部変更；韓国語例文は筆者が追加）。

(5)　(a)　｛φ /? 彼は｝寒い。
　　　(a′)　｛彼は /*私は｝寒がっている。

---

[1]　例文に付した記号の意味は、以下の通り。「φ」（代名詞無し）；「/」（選択肢）；「?」（やや不自
　　然）；「*」（容認しがたい）

28

   (b)　{φ /? 彼は} 水が飲みたい。

   (b′)　{彼は /*私は} 水を飲みたがっている。

(6)　(a)　{φ /*Ku-nun} chwup-ta.

         *彼-題目　寒い-終結語尾

   (a′)　{Ku-nun/*Na-nun} chwuw-eha-n-ta.

         彼-題目/*私-題目　　寒い-がる-現在形-終結語尾

   (b)　{φ /*Ku-nun} mwul-i masi-ko siph-ta.

         *彼-題目　水-主格　飲む-たい-終結語尾

   (b′)　{Ku-nun/*Na-nun} mwul-ul masi-ko sipheha-n-ta.

         彼-題目/*私-題目　　水-対格　飲む-たがる-現在形-終結語尾

              ((6a) – (6b′) の日本語訳は (5a) – (5b′) を参照)

　このような日韓語の私的述語の用法は、以前より興味深い文法現象として指摘されてきたが、エヴァンスによって文法に「社会的認知」が反映した現象の類型の中に位置づけられた。エヴァンスは、世界の諸言語（の文法）が社会的認知の領域でどのような精緻化を行いうるかに関する一般的なモデルを提示した。そのモデルに含まれる 4 つの変数は以下の通りである。

(7)　(a)　当該言語において注意が払われるべきすべての社会的参与者（social agents）、社会的役割（social roles）

   (b)　それぞれの社会的参与者が有していると仮定される欲求、ビリーフ（信条）、思考、情報（contents of other minds）

   (c)　当該言語において談話で描写される対象となるだけの社会的な関与性を持った事象（portrayed social events）

   (d)　(a) から (c) に関する情報を統合する発話行為（会話）と会話役割（conversational roles）（話し手（speaker）、聞き手（hearer）、傍観者（bystander）、指示対象（referent））

　これら 4 つの変数のうち、特に (7a) と (7d) に関して示唆的なのはエンフィールド（2015）のラオ語（ラオスの国語）の人物指示システムに関する

議論である。ラオ語は非常に複雑な人称指示体系を有しており、一般に使われる人称代名詞単数形（ポライトネスの程度により4段階に分化：非尊敬・くだけた・丁寧・形式張った）と同複数形（ポライトネスの程度により2段階に分化：無標・丁寧）の他に、「名前＋名前につく接頭辞」が用いられることもある。名前につく接頭辞には例えば以下のようなものがある。なお、日本語を含めた東アジア言語の呼称にも似た用法がある（第7章参照）。

(8) (a) 非尊敬の接頭辞（2種類、男性・女性に分化）

    (b) 目上の親族に関する接頭辞（10種類、親族語彙から選ばれる、男性・女性に分化し、姉・兄；親の姉・兄；母親の妹・弟；父親の妹・弟；親の親）

    (c) （絶対的な）社会的階級を示す接頭辞（例：元修行僧；元僧侶；元座主；僧侶・教師）

エンフィールドによれば、ラオ語の話者たちは、「その人のよく使われる名前に、話者に対するその相手の社会的地位を適切に示す接頭辞を付けた形式を使う」という、いわゆるデフォルトの人物指示以外に、語用論的に「有標」の人物指示を行うこともある。その方法には、「接頭辞＋名前というフォーマットは守りつつ、社会関係とは一致しない接頭辞を選ぶこと」や、「デフォルトの接頭辞＋名前という定式化を完全に避けて、代わりに人の名前のみを用いるやり方」がある[2]。エンフィールドは、ラオ語の人物指示システムの詳細な観察に基づいて、当該社会の「社会関係」がいかに根源的な形で当該言語の構造を規定するかについて以下のような洞察を述べている。

    どのような社会においても、個人は社会関係という構造化された集まりのなかでいくつかの位置を占めるものである。そしていかなる社会もその集まりの性質と形式に関して慣習的なイデオロギーを持つ。したがっていかなる社会の成員も、その社会独特のやり方に従うのである。ラオ語の話

2　日本語では人を指す言い方に接尾辞を付けるが、類似の現象である。

者は、複雑な文法体系を身につけるなかで、会話において人物指示を行う
ための独特のやり方を学ぶ。（中略）人物指示の形式は、人間とその社会
的関係に関する文化的価値観を公にし、それによって具現化し、安定させ
るのである。　　　　　　　　　　　　　（エンフィールド 2015: 299–300）

　以上、本節では、サピア・ウォーフの言語相対性の仮説の再検討、再評価
の動向に言及しつつ、言語と社会の規定関係を「思考（認知）」の観点から
考察した認知心理学者や言語類型論者の研究を概観した。次節では、より直
接的に「言語と社会の規定関係」を考究する学問分野として、社会言語学者
のトラッドギルが近年提唱する社会言語類型論を紹介する。

— 3 —
社会言語類型論の観点

　2 節では、「言語と社会の規定関係」に関して、サピア・ウォーフの言語
相対性の仮説を出発点として、人類学、言語学、心理学的な観点から行われ
てきた研究動向を紹介した。その中でスロービン、エヴァンス、エンフィー
ルドらの研究成果を通じて、改めて言語類型論的な視点の重要性も明らかに
なってきた。
　その中で、「なぜ、人間の言語に利用可能なすべての構造の中で特定の言
語が特定の構造を選択し、他の構造を選択しないのか」という研究課題に正
面から取り組んだのが、社会言語学者のトラッドギルである。以下ではト
ラッドギルによって提案された「社会言語類型論」という理論的枠組みの概
要について、紹介する。
　トラッドギルは、言語構造に影響を与える社会・文化的要因が想定しにく
い言語現象として以下のような現象を挙げている。

(9)　(a)　なぜアマゾン言語のヤラワラ語（Jarawara）には 3 つの過去時制が
　　　　　あるのに対して、ロシア語には 1 つしかないのか？
　　　(b)　なぜイボ語（Igbo）の形容詞は 8 つという少数の形容詞からなる閉
　　　　　じた類であるのに対して、非常に多くの言語の形容詞は多数の形容

　　　　詞からなる開いた類なのか？　　　　　　（Trudgill 2011: xxxviii）

　このように、言語と社会の規定関係は非常に複雑であるが、トラッドギル
は、以下の（10）に挙げる3つの社会的決定要因が、当該言語において見ら
れる言語特性の分布や言語構造（例：形態的カテゴリー）の複雑さと相関す
るという仮説を提示した。

(10)(a)　共同体のサイズ（size）：大か小か
　　 (b)　社会的ネットワーク（network）の粗密：密か粗か
　　 (c)　接触の程度（contact）：高程度の接触か低程度の接触か

　トラッドギルは、この3つの社会的決定要因の相関によって6つの共同
体類型を提案した（Trudgill 2011: 147）。

(11)

	1	2	3	4	5	6
サイズ	小	小	小	小	大	大
ネットワーク	密	密	粗	粗	粗	粗
接触	低	高	低	高	低	高

例えば、日本という社会にこの類型を当てはめてみると、カテゴリー2（サ
イズ小、ネットワーク密、接触高）は方言が用いられている小規模共同体、
カテゴリー6（サイズ大、ネットワーク粗、接触高）は標準語が用いられて
いる東京のような大都市を考えるとよい。トラッドギル自身は、カテゴリー
5（サイズ大、ネットワーク粗、接触低）に該当する共同体として18世紀（鎖
国時代）の日本社会を例に挙げている。
　トラッドギルは、複雑性が生み出されるのに好適な社会的特性として以下
のような社会的特徴が揃っていることを挙げている。

(12)(a)　成人の言語接触の総量：少

　　(b) 社会的安定性：高
　　(c) 共同体の規模：小
　　(d) 社会的ネットワーク：密
　　(e) 共同体で共有された情報の総量：大

　実際に、このような条件が揃っている「共同体が小さく孤立している場合
は形態論的カテゴリーの自然発生的な成長、また不規則性、余剰性、非透明
性の発展」が生じる。これは「複雑化（complexification）」と呼ばれ、以下
のような形で表象する。

(13)(a) 不規則性の増加（irregularization）
　　(b) 形態論的不透明性の増加（increase in morphological opacity）
　　(c) 統合的冗長性の増加（例：文法的一致）（increase in syntagmatic
　　　　 redundancy, e.g. grammatical agreement）
　　(d) 形態論的カテゴリーの付加（addition of morphological categories）
　　　　　　　　　　　　　　　　　　　　　　　　（Trudgill 2011: 62）

　これと逆の現象が「単純化（simplexification）」である。単純化は以下のよ
うな形で表象する。

(14)(a) 不規則性の規則化（regularization of irregularities）
　　(b) 形態論的透明性の増加（increase in morphological transparency）
　　(c) 統合的冗長性の削減（例：文法的一致）（reduction in syntagmatic
　　　　 redundancy, e.g. grammatical agreement）
　　(d) 形態論的カテゴリーの喪失（loss of morphological categories）
　　　　　　　　　　　　　　　　　　　　　　　　（Trudgill 2011: 62）

単純化が生じる条件に関して、トラッドギルは「広範囲の成人の言語学習を
含む言語接触は形態論的カテゴリーの喪失を含む単純化につながる可能性が
ある」と述べている。

(13) に示すような複雑化は Dahl（2004）が「成熟した現象（mature phenomena）」と呼ぶものであり、安定性・少ない接触・緊密なネットワークによって特徴づけられる共同体に見られ、長い歴史的な発展を含意する言語現象である（Trudgill 2011）。トラッドギルによると、複雑で成熟した言語現象は「親密な人間関係にある者同士の共同体（societies of intimates）」を前提としている。しかし、現在は、過去 150 年間の、人類史上かつてない急速な運輸・通信の発達、人口の増大とその結果としての社会のネットワーク構造の変容により、言語間、方言間の接触・言語共同体のサイズの急激な増大が生じている。この結果、「親密な人間関係にある者同士の共同体」は急激に消失しつつある。成熟した言語現象は高接触状況が展開すれば失われる恐れが多分にあるとトラッドギルは述べている。

　社会（文化）の複雑性と文法形式の構造的複雑性の間に何らかの相関関係が見られるかを統計的に調査した興味深い類型論的研究に Perkins（1988, 1992）がある。パーキンスの仮説は以下の通りである。

　　文化の複雑性が低い段階では、親密な人間関係にある者同士で共同体が構成されており、そのような共同体では、直示表現（deixis）が用いられる傾向がある。これは日本語のアレ、ソコのような、特定の指示対象を指し示すために発話文脈に密接に関わる語用論的な文法的手段で、拘束接辞的な表現である。

　　一方、文化の複雑性が増し、親密な者同士で共同体が構成されなくなると、より抽象的で構造的に複雑な統語的指示表現（例：関係代名詞）が発達する。

　パーキンスは文化の複雑性と、指示表現の構造的複雑性のそれぞれの尺度を定量化し、50 の言語を対象に上記の仮説を検証し、有意な相関が認められることを実証した。

　親密な人間関係にある者同士の共同体の急速な消失がもたらす深刻な帰結は、危機言語研究・危機方言研究において多くの事例が報告されており、例えばネトル・ロメイン（2001）に活写されている。トラッドギルは「通

言語的になくても済ませられるカテゴリー（crosslinguistically dispensable categories）」という多分に皮肉な名称で以下のような文法現象が消失の危機にあると指摘している。

(15)（a）双数（dual number）
　　（b）高度に分化した人称代名詞体系（large pronominal systems）
　　（c）世代間の異同の区別を含む人称代名詞体系（generationally marked pronouns）
　　（d）証拠性表現（evidentials）　　　　　　　（Trudgill 2011: 171–182）

　このことは、日本語の諸方言に存在していた精妙な文法的区別が、標準語との接触によって喪失する事例とも通じるものである（第 3、4 章参照）。日本語の諸方言における、標準語にはない興味深い語彙的・文法的・語用論的現象については小林・澤村（2014）を参照されたい。また、日本語の危機方言の置かれた状況については呉人編（2011）が詳しい。日本でも昔のムラ・村落社会から都市化が進み、コミュニケーションが変わったと言われる。「言わぬが花」「以心伝心」ではなく、ことばを尽くして伝えることが推奨されるようになった。

— 4 —
日本語と社会の規定関係（日韓の相違）

4.1　敬語
　最後に、日本語の文法現象を手がかりとして、韓国語と対照しつつ、言語と社会の規定関係を検討していく。具体例は指示詞（4.2）と名詞修飾節（4.3）である。
　トラッドギルは、「なぜ日本語は敬意を表現するレジスターの発達した体系を有しているのに対して、例えば英語はそうではないのか」（Trudgill 2011）という問いに対して、文化的価値観（cultural values）の影響によるものであるという説明を提示している。

答えは（中略）文化的価値観の中にある。日本社会は伝統的に「厳密な
ポライトネスの慣習」を有し、高度に階層化されており、話し手と聞き手
の相対的社会的な位置づけが、運用される発話のレジスターを決定する。
（中略）言語は、一方ではその言語が使用される地域の地理、気候、地形
のような自然の物理的要因に影響されうること、また、反面その言語を話
す社会の社会的価値観や社会的慣習といった文化的要因によっても影響さ
れうるということは十分に確立されている。　　　　　（Trugill 2011: xvii）

　日本語の敬語体系が日本社会の文化的価値観によって影響（規定）されて
いるというのは言語と社会の規定関係という観点からはかなり直接性が高い
ものであり、同じように高度に発達した敬語体系を有する韓国語にも当ては
まる（第 7 章参照）。一方、言語と社会の規定関係の中には、そのように直
接的ではない、より複雑なものもある。

4.2　指示詞と社会的認知（共同注意）

　日本語と韓国語は、敬語体系だけでなく、2 節で言及した「社会的認知」
に関わる言語現象（例文（5）（6））においても非常に類似性が高い。一方、文
法と語用論が密接に相互関連する現象に関して、両言語の間には顕著な相違
点も見られる。その一つ目は、指示詞の使用に関わるものである。日本語で
は「コソアド」として近称・中称・遠称・不定称の系列があるが、言語に
よっては近称・遠称の二つしかない。韓国語には三つあり、よく似ている
が、使い分けの境界が異なる（4.2 の内容は李康元氏（名古屋大学院生）との
共同研究の成果に基づく）。

　以下のような同じ場面において日本語ではいわゆる「近称」のコ系の指示
詞が用いられる（16）（17）のに対し、韓国語では「遠称」（ア系）の *ce*（16）、
または「中称」（ソ系）の *kuke*（17）が用いられる。

（16）　（A, B が映画館で映画を見ており、スクリーンは話し手 A, B から 30
　　　　メートルくらい離れている。スクリーンに映っている人物を指し）
　　　　A：（a 日）｛この/?あの｝人、誰だっけ。

（b 韓）{?i/ce}　　　salam　nwukwu-y-ess-ci?

この/あの 人　　　誰-コピュラ-過去-終結語尾

「{?この/あの} 人、誰だっけ？」

(17)　（机を組み立てている状況。A がビニール袋の中のものを手に持って
見ている。その時、話し手 B が A の手に持っているものについて聞
く。A と B は 2 メートルくらい離れている。）

B：(a 日）うん？　何 {これ/それ} ？

　　(b 韓）e?　　　mwe-ya,　　{?ike/kuke}?

間投詞　何-終結語尾　これ/それ

「うん？　何 {?これ/それ} ？」

　話し手と聞き手と対象物の間の相対的距離という観点から見た場合、
(16) において対象物（人物）は話し手と聞き手から等しく離れており、(17)
においては対象物（ビニール袋の中の物体）が話し手から離れた、聞き手に
近接した位置にある。(16)(17) では物理的な環境は同じであるにも関わら
ず日韓語の間には指示詞の使用に関して顕著な相違が見られる。指示対象
と、話し手・聞き手の相対的距離からすると、(16) の場合、客観的には遠
称の「ア系」が適切であるように思われ、実際に韓国語は ce（あの）が選択
されているが、日本語では近称の「この」が選択されている。

　(17) の場合、客観的には中称の「ソ系」が適切であるように思われ、実
際に韓国語は kuke（それ）が選択されているが、日本語では中称の「それ」
のみならず近称の「これ」も選択可能である。なぜ日本語では指示対象と話
し手・聞き手間の相対的距離からは一見説明できないような「コ系」の指示
詞の使用が可能なのであろうか。

　これは、日本語においては、話し手が聞き手とともに特定の対象に着目し
ているという「共同注意 (joint attention)」（トマセロ 2006）という特殊な条
件が満たされており、(16) では「我々が注目している対象」という意味で
「この人」で指示されている。

　また、(17) の指示対象であるビニール袋は A が手に持っているので、話
し手（B）からすれば指示対象は聞き手の領域内のものとなる。したがって、

ソ系の使用が予測される。しかし、実際には、(17)では話し手と聞き手が協力して机を組み立てているので、話し手と聞き手が同じ対象に「共同注意」を向けているという特殊な条件が満たされている。したがって、「我々が注目している対象」という意味で「これ」による指示が可能になっている。

　(16)(17)の例において見られた日韓両言語の指示詞使用の違いは、日本語においては、話し手と聞き手の「共同注意」という認知的条件が、指示対象と話し手・聞き手の相対的距離という物理的条件よりも優先される傾向が見られる点である。両言語のこのような違いは、話し手・聞き手と指示対象との間の物理的な距離の遠近に対応した指示詞の使用という規範に忠実な韓国語と、「共同注意」という認知的条件のもとで規範からの逸脱を許容する日本語という対比として捉えることができ、両言語の言語使用の背後にある両言語社会の「社会的認知」の微妙な相違として捉えることができるものと考える（尾崎編 2008 も参照）。

　韓国語と対比した場合、日本語は話し手と聞き手の情報・感情の共有といった広義の「間主観性（intersubjectivity）」を直接反映した文法形式が発達している（例：終助詞「ね」）。日本語の指示詞使用における「共同注意」への敏感さはこの傾向と軌を一にしている。

4.3　名詞修飾節と空間的な相対性

　2番目の例として、「前・後・隣・奥・上・下」など空間的・時間的な「相対性」を、名詞修飾節という構文を用いて表現する際に、両言語の間で興味深い対比が見られる（4.3 の内容は李戴賢氏（名古屋大学院生）との共同研究の成果に基づく）。日本語においては、(18a)(19a)に示すように、相対性を表す空間名詞「奥」、時間名詞「朝」は単独で用いることができる。一方、韓国語は、(18b)(19b)に示すように対応する空間名詞「anccok（안쪽、奥側）」や時間名詞「achim（아침、朝）」は単独で用いると不自然で、空間的・時間的情報の補足（精緻化）が義務的である。

(18)a.　［資材などが置かれている］{φ/倉庫の/ところの} 奥に木箱が二つ

並んでいる。　　　　　　　　　　　　　　　　（BCCWJ、一部修正）

b.　[Cacay　tung-i　　nohyeiss-nun]　　　　{?φ/changko（창고）/
　　　資材　　など-主格　置かれている-現在連体形　　　倉庫

kos（곳）}　anccok（안쪽）-ey　namwusangca-ka　twu kay
ところ　　　奥側-に　　　　　　木箱-主格　　　　　二つ

nohy-eiss-ta.
並ぶ-継続-終結語尾

「資材などが置かれている {?φ/倉庫/ところ}（の）奥側に木箱が二つ並んでいる。」

(19) a.　[関西に泊まった] {φ/翌日の} 朝に、名古屋に戻った。

b.　[Kansai-eyse　memu-n]　　　　　{*φ/taumnal（다음날）}
　　　関西-で　　　泊まる-過去連体形　　　　翌日

achim（아침）-ey　Nagoya-lo　tolaka-ss-ta.
朝-に　　　　　　　名古屋-に　　戻る-過去-陳述

「関西で泊まった {*φ/翌日} 朝に名古屋に戻った。」

　日韓両言語の指示詞のこのような違いは何を反映しているのであろうか？ 1 節で言語構造を規定する言語外の要因としてこれまで提案されてきたものの中に (1)(c)「経済性（economy）」という要因がある。経済性の現れの一つは「文脈からの予測可能性が高い言語要素」の省略傾向（ウェイリー 2006）である。相対性を表す日本語の名詞修飾節においては、推論で復元可能と考えられる空間的・時間的情報の省略が行われやすい (18a)(19a)。一方、透明性指向がより顕在的な韓国語の名詞修飾節においては、空間的・時間的情報が省略されにくく、精緻化される傾向がある (18b)(19b)（尹 2021 も参照）。

4.4　日本語と日本社会の規定関係

　上記 2 つの日韓語の対比的な言語現象は、言語と社会の複雑な規定関係を物語る。前者 (4.2) の指示詞の使用に関する両言語の相違は、日本語においては、話し手と聞き手が「共同注意」をある対象に向ける場合に、話し

手・聞き手と指示対象の間の物理的距離（客観的な距離）を主観的に近接的に再解釈することが可能であることを示している。後者（4.3）の、空間的な相対性を表す名詞修飾節における両言語の相違は、日本語において、空間的・時間的情報が推論によって補われ、結果的に言語表現の省力化が起こっていることを示している。これらの現象は、日本語の言語形式の使用・解釈における、ある種の創造性・柔軟性を示唆する。

　韓国語と比べた場合、日本語の文法や語彙・表記体系に次のような傾向が見られる（Hawkins 1986, 堀江 2001）。

(I)　　単一の言語形式に複数の意味を付与する傾向（多義性・多機能性）

(II)　　言語要素の省略により意味的な欠落（短絡）が生じていても推論によって補う傾向

(III)　言語形式に本来の意味から拡張・逸脱した解釈を付与する傾向

　この対比的な傾向性には、両言語社会のコミュニケーションスタイルの相違（間接性への選好性 vs. 直接性への選好性）が関わっている。2 節でエヴァンスの「異なる文法は社会的認知（social cognition）の非常に異なる側面を前景化する」という主張を紹介したが、コミュニケーションスタイルの相違は日韓両言語社会間の異なった「社会的認知」を反映している（堀江 1998）。

　この問題を考える時に参考になるのは、ヘイマンが言語の起源を機能的観点から論じた著書の標題でもある *Talk is Cheap*（Haiman 1996）という英語の警句である[3]。この警句は、「行動や証拠によって支持されない自画自賛あるいは非現実的な言明をすることはたやすい」という意味であり、言語形式が表す意味（内容）を額面通りに受け取ることへの注意喚起と取れる。

　韓国語の言語社会と比べた場合、日本語の言語社会においては、「言語表現は本質的に曖昧なものであり、必ずしも字義通りの内容を伝えているとは限らない」という、言語表現の真実性・誠実性に対する留保感覚がより強くあるように思われる。このことは、言語形式を本来の意味から拡張して解釈

3　「言うは易く行うは難し」に似る。

40

したり、言語形式として明示されていないものをそこにあるかのように推論
で補うことと関連している。

　一方、韓国語の言語社会においては、日本語の言語社会と比べた場合、
曖昧性を少なくして言語形式が表す意味（内容）を字義通りに解釈し、推
論に多くを委ねることに対してより抑制的である。「言語表現の安っぽさ
（cheapness of talk）」に対する社会的認知が日韓両言語社会で異なっている
ことが（16）（17）（18）（19）で見られたような文法現象の対比の動機づけに
なっていると考えられる。ここで提示した日韓言語社会の「社会的認知」に
関する見解は、文化人類学、比較文化論などの知見による裏付けが不可欠で
ある（例：任・井出 2004）。また、欧米の諸言語との対照で傍証が得られる
可能性も大きい。

　エンフィールドは、文化的発想の、当該言語の語彙・文法構造への直接の
コード化を研究する枠組みとして、Ethnosyntax（民族統語論）を研究分野の
名称とした。「当該文化固有の言説を直接意味構造の中にコード化していな
くても、当該文化特有の分布や使用のパターン、あるいは、それ以外の文化
に関連する効果を示すような形態統語現象」（Enfield 2002）を研究する分野
である。本節で概観した指示詞や名詞修飾節に見られる日韓語の相違も、民
族統語論的（ethnosyntactic）現象として、言語と社会的認知の規定関係に示
唆を与えてくれる。

4.5　言語と認知と社会

　言語相対性の仮説は一言語内にも適用される。日本の方言の雪に関する単
語の数は積雪量にほぼ比例する（井上 2000）。意味分野を三つに分けた時に
一番関連を見せるのは生活と関わる分野の雪の名の多さである。雪国の昔の
暮らしでは、子供は雪にまつわることばを多く覚えて使った。つまりことば
を通じて外界を認知した。このような外界の捉え方が地域成員の文化として
確立し、雪よけをしたり、災害に備えたりする行動に結びついた。

　敬語についても、日本語内に方言差がある。ある人物や場面で使うことに
より、他の人と違うという意識・認知が生じる。さらに（態度や席次などの）
行動面にまで反映する。集団や社会に敬語使用が普及すると、特有の文化・

習慣として確立する。

　これらの例は、社会・文化と言語が「個人の認知」を通して相互に影響を
与え合うという循環過程を示している。

— 5 —
まとめ

　本章は、サピア・ウォーフの言語相対性仮説の学史上の位置づけから出発
し、最近の同仮説の再評価の動向に言及した後、機能主義的な観点からの言
語類型論研究、社会言語類型論、民族統語論などの諸分野で言語と社会の規
定関係がどのように探究されてきたかを、ケーススタディを交えつつ概観し
た。言語と社会の規定関係は非常に複雑でその解明は容易ではないが、社会
言語学という分野の中で積極的に探究されるべき重要なリサーチクエスチョ
ンである。

■参考文献 ─────────────────────────────

Dahl, Ö. (2004). *The growth and maintenance of linguistic complexity*. Amsterdam & Philadelphia: John
　　Benjamins.
ドイッチャー, G.（著）椋田直子（訳）(2012). 言語が違えば、世界も違って見えるわけ. インターシ
　　フト.
Enfield, N. J.（Ed.）(2002). *Ethnosyntax: Explorations in grammar and culture.* Cambridge: Cambridge
　　University Press.
エンフィールド, N. J.（著）井出祥子（監修）(2015). やりとりの言語学—関係性思考がつなぐ記号・
　　認知・文化—. 大修館書店.
Evans, N. (2010). *Dying words: Endangered languages and what they have to tell us.* Malden, MA: Wiley-
　　Blackwell.
Gumperz, J. J. & Levinson, S. C.（Eds.）(1996). *Rethinking linguistic relativity*. Cambridge: Cambridge
　　University Press.
Haiman, J. (1996). *Talk is cheap: Sarcasm, alienation, the evolution of language*. Oxford: Oxford
　　University Press.
Hawkins, John A. (1986). *A comparative typology of English and German: Unifying the contrasts*. Lonon:
　　Croom Helm.
堀江薫 (1998). コミュニケーションにおける言語的・文化的要因—日韓対照言語学の観点から—.
　　日本語学, 17(11), 118–127.
堀江薫 (2001). 膠着語における文法化の特徴に関する認知言語学的考察—日本語と韓国語を対象

に一. 山梨正明他（編）認知言語学論考, 1, 89–131. ひつじ書房.

Horie, K.（2018）. Linguistic typology and the Japanese language. In Hasegawa, Y.（Ed.）, *The Cambridge handbook of Japanese linguistics*, pp. 65–86. Cambridge: Cambridge University Press.

堀江薫, プラシャント・パルデシ（2009）. 言語のタイポロジー——認知類型論のアプローチ——. 研究社.

堀江薫・秋田喜美・北野浩章（2021）. 言語類型論. 開拓社.

井上史雄（2000）. 東北方言の変遷. 秋山書店.

井上京子（1998）. もし「右」や「左」がなかったら——言語人類学への招待——. 大修館書店.

小林隆・澤村美幸（2014）. ものの言い方西東. 岩波書店.

呉人恵（編）（2011）. 日本の危機方言——言語・方言の多様性と独自性——. 北海道大学出版会.

南雅彦（2009）. 言語と文化——言語学から読み解くことばのバリエーション——. くろしお出版.

ネトル, D.・ロメイン, S.（著）島村宣男（訳）（2001）. 消えゆく言語たち——失われることば、失われる世界——. 新曜社.

尾崎喜光（編）（2008）. 対人行動の日韓対照研究——言語行動の基底にあるもの——. ひつじ書房.

Perkins, R.（1988）. The covariation of culture and grammar. In Hammond, M., Moravcsik, E.A., & Wirth, J.（Eds.）, *Studies in syntactic typology*, pp. 359–378. Amsterdam & Philadelphia: John Benjamins.

Perkins, R.（1992）. *Deixis, grammar, and culture*. Amsterdam & Philadelphia: John Benjamins.

Sapir, E.（1949）. The status of linguistics as a science. In Mandelbaum, D. G.（Ed.）, *The selected writings of Edward Sapir in language, culture, and personality*, pp. 160–166. Berkeley: University of California Press.

Slobin, D. I.（1996）. From 'thought and language' to 'thinking and speaking'. In Gumperz, J., & Levinson, S. C.（Eds.）, *Rethinking linguistic relativity*, pp. 70–96. Cambridge: Cambridge University Press.

トマセロ, M.（著）大堀壽夫ほか（訳）（2006）. 心とことばの起源を探る——文化と認知——. 勁草書房.

Trudgill, P.（2011）. *Sociolinguistic typology: Social determinants of linguistic complexity*. Cambridge: Cambridge University Press.

ウェイリー, L. J.（著）大堀壽夫ほか（訳）（2006）. 言語類型論入門——言語の普遍性と多様性——. 岩波書店.

任栄哲・井出里咲子（2004）. 箸とチョッカラク——ことばと文化の日韓比較——. 大修館書店.

尹盛熙（2021）. ことばの「省略」とは何か. 大修館書店.

■ 推薦図書 ────────────────────────────

ドイッチャー, G.（著）椋田直子（訳）（2012）. 言語が違えば、世界も違って見えるわけ. インターシフト.

　　言語相対性の仮説をはじめとする「言語と文化、そして思考」の相互関係に関する過去の学説の歴史的な位置づけと、その後の最新研究の知見を様々な言語の実例とともに活写している。

堀江薫, プラシャント・パルデシ（2009）. 言語のタイポロジー——認知類型論のアプローチ——. 研究社.

世界の言語の構造的特徴に基づく類型化が、文化・社会のコミュニケーションや発想のスタイルの類型化とどのように関わっているのかを様々な言語のケーススタディに基づいて考察する。

南雅彦（2009）. 言語と文化―言語学から読み解くことばのバリエーション―. くろしお出版.
　　古典的なものも含め多くの重要な社会言語学分野の先行研究を渉猟し、日英語の豊富なケーススタディに基づいて「文化研究と言語研究の統合としての社会言語学」を標榜する。

調査の課題

1 自分の住んでいる地域で人と待ち合わせをする際に「前後、左右」などの相対的な参照枠組みが使われるか、「東西南北」などの絶対的な参照枠組みが使われるか、両方の枠組みを組み合わせているか、何らかの使い分けがあるかを調べてみよう。

2 日本語において多用される「受身表現」「授受表現（やりもらいの補助動詞）」などの文法形式が日本の社会・文化的特徴とどのように関わっているかを考察してみよう。

3 日本語と外国語において「自称詞（話し手が自身に言及する言語表現）」と「対称詞（話し手が聞き手に言及する言語表現）」がどのように相違・類似しているかを調べ、その相違・類似点が両言語社会・文化の特徴とどのように関わっていると考えられるか、調べてみよう。

—— 第 **3** 章 ——

言語間の格差

この章からは、社会言語学の柱のひとつであることばの多様性と変異の
問題を取り上げる。言語であれ変種であれ、どの言語共同体にも「こと
ばの多様性」が存在する。そしてその言語や変種の間には「社会的な格
差」があり、その共同体に「言語問題」をもたらしている。本章では、
社会言語学という研究分野の基盤にあるこれらのキー概念を導入する。

—— 1 ——
言語の捉え方

　言語学の入門書などでは、その冒頭に、「すべての言語は平等である」と
いった文言が記されることがある。このような考え方が明確に主張されるよ
うになったのは、言語学が、それぞれの言語の特徴を個性として相対論的な
見方で捉えることを採用した 20 世紀前半以降のことである。それ以前は、
言語を、文明社会の発展した言語と、未開社会の未発達な言語に区別する見
方が優勢であった。

　20 世紀前半という時期は、音素分析からはじまってボトムアップに言語
の体系と構造を明らかにしていく構造主義の発展とあいまって、アメリカ先
住民諸語をはじめ、世界のさまざまな言語が記述された時期であり、それぞ
れの言語にはヨーロッパのよく知られた言語とはまた別の種類の精緻なシス
テムがあるということが明らかにされた時期である。たしかに、音素や単語

をはじめとする言語の要素の数とその張り合い関係（体系）や、その要素を
まとめて句や節、文にまとめる方法（構造）といった面では、それぞれの言
語はそれぞれのしかたで非常に精緻な特徴を発展させており、それを文法書
や辞書などにまとめていけば、どの言語についても分厚いものができあがる
のは事実である。個別言語の文法研究や、その後発展した、世界の言語の共
通点と相違点を考える言語類型論などの世界では、「すべての言語は平等で
ある」という捉え方はいまでも有効である。

　一方、20世紀後半には、別の、より社会に即した言語の見方が現れてき
た。言語の体系と構造だけを見ていればたしかに、ヨーロッパの言語にも、
アジア、アフリカ、アメリカの言語のなかにも、未開の言語や発展途上の言
語などというものはない。すべての言語は平等である。しかし、それぞれの
言語を社会のなかにおいて見ると、そこには不平等の世界がある、という
見方である。社会言語学の採用する言語の見方である。世界には、一方に
は（とくに第二言語として使用する）話者の数を大幅に増やしている英語の
ような言語があり、また一方には話者数が大きく減少し、消滅の危機に瀕し
ている言語があるが、それぞれの言語の間に社会的不平等があるとする社会
言語学の目で見れば、このような社会的な現実も容易に把握することができ
る。このような見方は、言語の相対論的な見方が乗り越えた、言語を文明の
言語と未開の言語に分けた見方とは異なっている。社会言語学的な見方は、
あくまでも、体系と構造の面ではすべての言語は平等であるという前提に
立ったうえで、言語間に存在する社会的な不平等性を捉えているのである。

　以下、本章では、この、言語の間に存在する社会的不平等を「言語間格
差」と捉え、以下の節でいくつかの側面からこの格差を整理してみることに
する。具体的には、2節で世界の言語の間に観察される言語間格差を、3節
で多言語が使用されるひとつの国家の内部に見られる言語間格差を取り上げ
る。また、4節では、言語ではなくひとつの言語の内部にある変種（地域方
言・社会方言など）の間にも同様の変種間格差が存在することを確認する。
5節では格差のある言語や変種の間のせめぎあいの様子、とくに、社会的に
下位におかれている言語や変種の社会的役割を考え、そのうえで、6節では
国家機関や民間レベルで行われていることばの格差への対応のあり方を検討

する。

― 2 ―
世界の言語の社会的格差

　言語の間の社会的な格差は、その言語の話し手の数や、その言語が担う社
会的な役割の違いなどによって生まれる。

2.1　話者数と経済力

　世界の言語をその話者人口という観点から見た場合、一方の極には中国語
や英語、スペイン語、ヒンディー語などの、多くの話者によって使用される
大言語があり（次ページ表 1、クルマス 1993: 65）、また一方の極には、話者
数がゼロに近づいている消滅の危機に瀕した言語がある。このような言語に
よる話者数の違いが生じる要因には、その言語が使用される社会が開放的・
拡張的な社会であるか閉鎖的な社会であるか、人口増加率がどの程度である
か、どの程度近代的な社会に組み込まれているか、などのことがある。たと
えばスペイン語は、大航海時代以降海外への膨張を続け、スペイン本国のほ
かに植民地として統治した中米や南米などでも広く使用されている。ヒン
ディー語も、19 世紀前半から海外労働者を多く送り出し、南アフリカや太
平洋のフィジーなどにその子孫が定着しているが、インド国内での人口増加
も著しい。
　しかし、言語間の格差を生み出すのは、このような海外への進出や人口増
加率といった、人口動態的な条件だけではない。その背後にある、その言語
を使用する人々や国家の社会的・経済的位置ということが大きな要因となっ
ている。表 1 に見るように、英語は現在、母語話者の人数だけではなく、
第二言語として習得する話者数も大幅に増加させているが、このことの背景
には、イギリスやアメリカのもっている、政治面、経済面での世界的な影響
力ということが大きく関わっている。

表1　人数の最も多い15の言語集団

言　　　語	母　語　話　者	第二言語話者を含む言語集団
1.　中国語	(?) 800,000,000	
2.　英語	403,000,000	800,000,000
3.　スペイン語（カスティリア語）	266,000,000	
4.　ヒンディー語	180,000,000	300,000,000
5.　ロシア語	154,000,000	270,000,000
6.　ベンガル語	152,000,000	
7.　ポルトガル語	150,000,000	
8.　日本語	117,000,000	119,000,000
9.　フランス語	109,000,000	250,000,000
10.　ドイツ語	100,000,000	130,000,000
11.　アラビア語	(?) 100,000,000	
12.　ジャワ語	70,000,000	
13.　マラーティー語	50,000,000	
14.　タミル語	45,000,000	
15.　イタリア語	40,000,000	

　ちなみに日本語は、母語話者数で見れば表1では8位に位置づけられているが、今後、少子高齢化によって母語話者数が減少し、また第二言語としての使用者数も日本経済の停滞（及び中国の経済面での台頭とそれに伴う中国語学習者数の増加）などによって減少していくことが予想される（アニメなどに興味をもって日本語を学び始める学習者は増えているようであるが）。

　現代は、これまで自足的に集団を維持してきた小さな民族集団や小さな国家が、否応なく国際社会に組み込まれる時代である。これらの集団においては、コミュニケーションの必要性から他の大きな集団の言語を第二言語として習得する層が増え、さらにその後の世代が自身の集団の伝統言語を継承することを放棄することによって、従来は安定して使用されていた言語が消滅に向かって動き始めている（消滅の危機に瀕した言語については、章末記載のユネスコのウェブサイト参照）。その結果、大言語の話者数はますます大きくなっている。いま現在世界のなかで起こっている、言語の生態が変動

し、言語間の社会的格差が増大する姿である。

2.2 使用場面

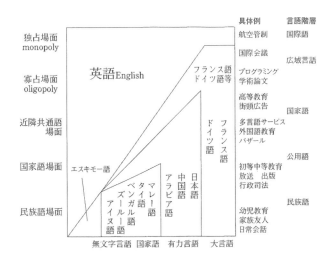

図1 世界の言語使用場面の分担

　言語間の社会的な格差は、その言語が使用される場面の違いに見ることができる。図1は、世界の言語の使用場面と、それに基づく言語の社会的階層を示したものである（井上 2001: 79）。

　この図で最上位の社会階層に属する英語は、国際会議などはもちろんとして、国際線の航空管制や、かつてはフランス語が果たしていた国際郵便の使用言語としての役割なども広く担うようになっている。われわれも、日本の外に出て、行った先の国の言語が話せないときに、現地の人々とコミュニケーションをとろうとして最初に使用する言語は、英語であろう。日本では、小学校教育課程に英語が教科として導入されたり、大学入学共通テストでスピーキングを含む民間英語試験を使用することが検討されたり、また企業において TOEIC などの受験が奨励されたりしているが、すべて、英語が占めるこのような社会的位置に対応した措置である。

　一方、この対極にある図の下の言語（民族語）は、英語などの大言語の使

用場面が広がるのと反比例する形で、その使用場面が限定されつつある。基本的な使用の場面は対面会話がなされるコミュニティーや家庭の内部での日常会話であり、それが徐々に、特定世代（祖父母の世代）を相手とするときの使用言語、さらには理解はできるが使用できない言語などとなって使用場面がさらに限定され、消滅への歩みを進めることになる。

2.3　借用の方向

　言語間の社会的な格差は、単語が借用される方向にも見ることができる。「借用語は水のように高いところから低いところに流れる」と言われるが、近現代の社会では、図1の高いところにある英語やフランス語、ドイツ語などの単語が、世界の諸言語に借用語として広がっている。このような格差は言語景観にも観察されることがあり、英語の単語などは、その言語にまだ借用語として定着していないものでも、しかもときに英語の綴り字のままで、看板などに使用されることがある。

　日本語については、この200年ほどの間は主に西欧の諸言語から数多くの単語を借用し、それ以前の1000〜1200年ほどの間は中国語から多くの単語（漢語）を借用した。このように、借用元や借用の方向は、それぞれの時代のそれぞれの社会状況のなかで、話者がどの言語を高いところにあるとみなすかによって変化する。日本語も、日本の経済力の発展によって各国での地位があがり、世界各地に日本語からの借用語が広がった。

— 3 —
多言語国家における言語間格差

　次に、言語間格差について、それぞれの国を単位にして考えてみることにしよう。若干古いデータであるが、図2は、それぞれの国の人口（縦軸）と使用される言語の数（横軸）を示したものである（（林監修 1982: 20）。縦軸、横軸ともに等間隔でない対数目盛であることに注意）。国内でひとつの言語しか使用されない国というのはまれで、程度の差はあってもほとんどの国が多言語国家である。

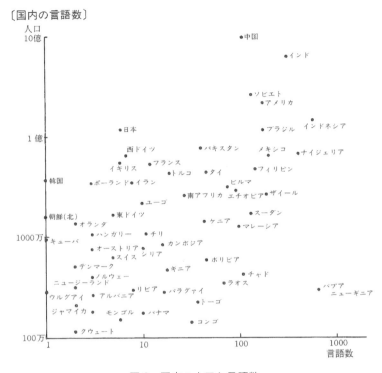

図 2　国内の人口と言語数

　それぞれの国では、行政・司法機関等を設置し、国民に教育を施すなどし
て、国を維持、運営することにつとめる。そのような行為はもちろんことば
を使用することによって行われるが、多言語国家においては、この目的のた
めに、いずれかの言語を選択しなければならない。その国で使用されるすべ
ての言語を、同等の資格で、すべての目的のために使用することは経済的に
不可能だからである。国内で使用されるすべての言語に同等の社会的資格を
認めるとすれば、たとえば5つの言語を使用する国においては、仮に中等
教育に限っても、その5つの言語で教科書を用意し、それを使って教える
ことができる教師を養成する必要がある。学校やクラスも、5つの言語に対
応させて設置する必要があり、入学試験なども5つの言語で行わなければ
ならない。そのためには莫大な予算を用意する必要がある。また、たとえ予

算が措置できたとしても、このような制度を設ければ国が5つに分裂するのではないかという恐れを抱く人々が必ず出てくるであろう。国家を統一するのに果たす言語の役割が、あらためて認識されることになる。以上のような問題に対応するために、どの国でも何らかの言語計画が行われる。

　言語計画は、基本的に、次の側面について行われる。

(a)　地位計画：複数言語からの公用語の選択と、その使用場面の決定
(b)　実体計画：選択した言語の、使用場面に対応するための言語的調整
(c)　普及計画：上で計画した内容の国民への普及

　先の5つの言語が使用される国家の例にもどれば、(a) の地位計画はこの5つの言語のなかから（あるいはそれ以外の言語から）その国の国語や公用語を選択する作業である。その選択に際しては、それぞれの言語の話者数、歴史や伝統、国際的通用度などが基準になることもあるが、このような計画に携わる（社会的上位の階層に属する）人々の言語（旧植民地の場合には当該国家のエリートが使用する旧宗主国の言語）が選択されることが多い。地位計画においては、このような言語を選択する作業と同時に、そのようにして選択した公用語を、どのような公的場面（行政・司法・教育場面など）で使用するかを決定することになる。初等中等教育と高等教育では異なる言語が選択されるケースもある（図1参照）。地位計画をめぐって日本では、英語やフランス語が公用語の候補にあげられたことが、明治初期や第二次世界大戦後にあったが、正式に議論されたことはない。多くの国では憲法に公用語や国語に関する条項が盛り込まれているが、日本国憲法にはその条項はない。

　なお、現今の地位計画には、公用語のような当該社会の上位言語を選択する作業だけではなく、ユネスコなどが主導する国際的に少数言語を保護しようとする方針にそって、保護の対象とする言語を選択する作業なども加わっている。

　次の (b) 実体計画は、(a) の地位計画によって選択した言語（ここでは少数言語ではなく公用語を例にする）が、同じく地位計画によって策定したその公用語の使用場面での使用に耐えるように、言語的実体を調整する作業で

ある。具体的には、フォーマルな口頭言語や書記言語について、①方言の多様性を淘汰して標準化すること、②行政や司法、学問などの諸分野について語ることができる語彙をそなえること、③演説や講演、学術的な研究発表などを行い、公文書や各種報告書、学術論文、専門書などが作成できるスタイルを用意することなどが、計画の対象となる。

　日本語の場合、すでにフォーマルな話しことばや書きことばの長い歴史があり（野村 2019）、明治以降も基本的にはそれらを引き継いでいるが、この種の調整は、和製漢語の作成や漢文訓読系表現形式の採用、外来語の導入、既存の形式の複合などによって行われてきた。このようにして多くの人々の手によって練り上げられた変種を仮に標準語と呼び、ややフォーマルな日常語と対比していくつかの言語事項（の一部）を示せば、表 2 のようになろう（渋谷 2018。「標準語」欄の複合格助詞は日本語記述文法研究会編 2009、広義アスペクト形式は寺村 1984 による）。

表 2　日本語標準語に見る言語的拡張

	標準語	ややフォーマルな日常語
語彙	走ル・疾走スル・暴走スル・完走スル・快走スル、など	走ル・暴走スル・完走スル
複合格助詞	ニオイテ・ニカケテ・ニ限ッテ・ニ関シテ・ニ先立ッテ・ニシタガッテ・ニ対シテ・ニツイテ・ニツレテ・ニトッテ・ニ伴ッテ・ニ入ッテ・ニムカッテ・ニヨッテ・ニ渡ッテ、など	ニ限ッテ・ニトッテ・ニムカッテ、など
広義アスペクト形式	〜アゲル・〜アガル・〜オロス・〜クダス・〜サガル・〜サゲル・〜オチル；〜コム・〜コメル・〜ダス・〜マワス；〜カケル・〜カカル・〜ツケル・〜ツク・〜カエス・〜アウ、など	〜アゲル・〜アガル・〜オチル；〜ダス・〜マワス；〜カカル・〜ツケル・〜ツク・〜カエス・〜アウ、など

　(c) の普及計画は、(a) の地位計画や (b) の実体計画で決定した内容を、その対象となる人々に広める作業である。普及計画は、日本では、メディア

機関などに対して、常用漢字や仮名遣いをはじめとする政府の一連の言語政策への実施協力を要請することなどで行われているが、最も効果が大きいのは、義務教育の課程で学習内容に組み込むことである。実際に日本では、生徒が授業を聞き、教科書などを読み、さらに定期試験や作文・感想文などの課題に取り組む過程において、個々の計画内容が生徒たちのなかに定着している。「私わ東京え行く」はもちろん、「こんにちわ」などの表記も受け入れない人が多いのは、普及計画が効果的に行われている結果である。

　以上のような言語計画は、国をまとめ、運営していくには必要なことではあるが、一方ではまた、言語間の格差を助長することになる。公用語に選定されて上位場面で使用される言語は、社会的な地位の向上を望む人たちの学習対象となり、社会的に価値のある言語という認識が定着する。また、言語実体が拡張されることによって、それを学ぶための教科書や辞書などが用意されることにもなる。言語景観においても、その言語での表示等を目にする機会は格段に増えるであろう。現代社会を管理・運営するための言語計画システムは、自動的に言語間格差を生み出し、それを循環的に増幅する装置になっているわけである。

— 4 —
変種間格差

　本章ではこれまで、主に言語間の格差について見てきたが、同じような格差はひとつの言語のなかの変種（地域方言、社会方言など）の間にも観察することができる。前節で指摘したように、標準語とそれ以外の変種の間には大きな社会的格差が見られるが、その他の変種の間にも格差が見られる。このような格差は、やはり、ことばそのものというよりも、そのことばを使用する話し手の属性や使用場面によるところが大きい。以下、本節では、日本語を例にして、そのような格差のいくつかを取り上げて整理してみよう（真田編 2006 序章参照）。便宜的に 4 つの節に分けるが、たがいに連動する事象である。なお、以下においては、A 変種のほうが B 変種よりも社会的に高く評価されている（威信をもつ）という場合、「A>B」のように記載することにする。

4.1 標準語 > 方言：政策が作り出す格差

　明治維新を経て欧米に引けを取らない近代国民国家を築き上げようとした日本は、富国強兵、殖産興業などを目的とするさまざまな政策を打ち出したが、同時に、中央集権的な国家、あるいは国としての一体性を維持するために、国民全員が使用できる標準語を作り出し、それを新たな教育制度によって普及させることを計画した（第 4 章参照）。この政策は、一方では標準語を公の場面で使用する、社会的に上位の変種として位置づけるものであり、また一方では方言を日常世界で使用する下位変種として位置づけるものである。しかし日本においては、方言は、単に下位変種として位置づけられるだけではなく、標準語の普及を妨げることばとみなされ、方言社会の学校では近年まで方言撲滅運動が展開された。

　方言が再評価されて、各地で方言大会などが行われ、方言みやげなどが販売されるようになったのは、国民の多くが標準語を自由に操れるようになった近年のことである。方言話者が自分の方言にコンプレックス（柴田 1958）を抱いて集団就職するような時代には、アクセサリーとしての方言（小林 2004）や方言コスプレ（田中 2011）などの、各地の方言を、友人同士のくだけた会話やテレビドラマ、アニメのことばなどを潤色するために活用するような状況は、（関西方言の使用や、東北方言を自身のキャラクターとして前面に出した一部の俳優などのケースを除けば）イメージしにくい。

　なお、「標準語 > 方言」に関連して、「書きことば > 話しことば」ということがある。口約束よりも文書での契約のほうが重視されるように、話しことばよりも書きことばのほうが公式度が高いが、この場合の書きことばとは基本的に標準語である。方言は話しことば専用の変種であり、話しことば的な要素を多く含んだ携帯メールや SNS のことばなども、社会的な評価は低い。

4.2 フォーマルなことば > カジュアルなことば：使用場面が作り出す格差

　「標準語 > 方言」は、より一般的には「フォーマルなことば > カジュアルなことば」という社会的な評価のなかに位置づけることができる。フォーマルなことばの代表が標準語であるが、そのほかに、敬語などもここに位置づけ

られる。

　そもそも「母語」や「母方言」と呼ばれるものはカジュアルな場面で使用されることばであり、幼児によって最初に獲得されることばである（ニュータウンなどで標準語的なことばを先に獲得するケースを除く。真田 2001: 7ff）。それに対してフォーマルなことばは、成長する過程において、第二変種として学習によって身につけることばであり、その習得には一定の努力（対価）が必要である。各種マニュアル的な本が用意され、販売されるのも、フォーマルな変種についてである。『タメ口を使った効果的な会話の方法』といった本は、たとえ刊行されても例外的なものであろう。

4.3　男性語 > 女性語：社会構造が作り出す格差

　4.1 と 4.2 で取り上げたことばの社会的格差は、同じ話者が場面に応じて切り換える変種（スタイル）の間に見られる格差であるが、本節と次の 4.4 で取り上げる格差は、話者の属性と相関する変種の間に見られる格差である。

　本節で取り上げることばの性差は、伝統的に公の職務や任務を男性がほぼ独占してきたなかで形をなしてきた男女間の社会的な格差が、ことばに反映したところである（第 5 章参照）。ここには、男性と結びついた言語や変種、言語要素は社会的な評価が高く、女性と結びついた変種は社会的評価が低いという格差が生じている。男性と結びついた言語や変種、言語要素とは、日本語の場合、たとえば漢文、漢文訓読文、漢字（男手）などであり、女性と結びついたそれは和文や仮名（女手）などである。

　なお、関連して、社会の実態がことばに反映するということでは、社会にある階級構造も、それと連動することばの変種の格差をもたらすところである。江戸時代のような階級社会においては、武士のことばは評価が高く、式亭三馬の『狂言田舎操』（1811 年刊）では「正銘の江戸言（えどことば）」「本江戸」として言及され、「下司下郎の詞」「江戸訛」と対置されているが、このような上位階級や政治を担う層の使用する変種はどの社会でも標準語と位置づけられることが多い。

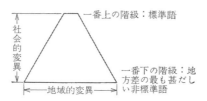

図 3　社会的及び地域的な方言変異

　図 3 は、イギリスにおける英語の地域方言と社会方言をモデル化したものであるが、図では、上方の、上位の階級の（フォーマルな）変種は地域的変異が少なく、どの地域でも使用することができる標準的な変種であるのに対して、下方の、一般民衆の日常会話で使用される方言は地域的相違が大きい変種であることを示している（トラッドギル 1975: 37）。このようなモデルは江戸時代などの日本語変種にも適用できるところであり、図の「階級」を「場面のフォーマル度」にかえれば、現代の日本語変種にもおおむねあてはまるものである。

4.4　成人語 > 若者語：言語変化が作り出す格差

　4.1 の標準語や 4.2 のフォーマルなことばが高い社会的評価を積極的に与えられるのに対して、前節の男性語や本節で取り上げる成人語は、「男性語や成人語がふつうであり、女性語や若者語はよくないことばである」という評価を受けることもあって（レイコフ 1985 など）、結果的に、相対的に高い社会的評価を与えられるという側面をもっている（第 6 章参照）。若者語でなくとも、現代のラ抜きことば（見レル・出レル）やサ入れことば（行カセル、読マサセル）、レ足すことば（行ケレル、読メレル）のように新しく生まれたことばは、広い年齢層で使用されていても、いつの時代にも評価はそれほど高くはない。

　ちなみに、若者語よりももっと低い年齢層によって使用される幼児語になると、それが年長になってからも使用し続けられるという場合を除き、マイナス評価が与えられることはない。幼児はことばがつたなくて当たり前、保護すべき対象という認識があるのであろう。大人や年長の子どもからの、べ

ビートークや養育者語などと呼ばれるわかりやすいことばに置き換える歩み寄り（応化、アコモデーション）も、幼児に対しては頻繁に観察されるところである。

4.5 格差の習得

　以上、本節では、ひとつの言語の変種の間に存在する格差を4つに分けて整理してみた。このような格差は、小さいときから周りの大人たちや学校の教師が行うさまざまな言語行動（社会化行動）、たとえば「女の子なんだからもっときれいなことばを使いなさい」「学校ではきれいなことばを使いましょう」などの指示行為にさらされて、その言語の使用者の頭のなかに強固に植え付けられるものであるが、このことは教育に携わる人々や言語研究を行う研究者についても同じである（渋谷 2019）。たとえば、日本語研究の世界では、（古典語に対して）現代語、（敬語に対して）卑罵表現などの研究が遅れ、方言研究や女性語研究、集団語の研究などは一種好事家的な研究のような目で見られる時代があった。いまでも、社会的な評価の低い言語や変種については、たとえば文法書（記述書）や辞書の数、マニュアルブック、それを教える大学のポストなどはごく限られており、そのことが循環的に、言語や変種の間に存在する格差を助長する要因となっている。

— 5 —
社会的上位のことばへの対抗

　本章ではこれまで、さまざまな言語や変種の間にある格差の実態を整理してきた。そこでは、社会的に上位の言語や変種が力をもち、また、権力の象徴となる一方で、下位の言語や変種は虐げられて撲滅の対象となり、消滅の危機に追いやられる姿を描いてきた。たしかに、社会的に上位にある言語や変種は、社会では高く評価され、目に見える威信（overt prestige）をもつ。しかし、社会的に下位にある言語や変種には、社会的に上位にある言語や変種のそれとは異なった役割がある。たとえば、以下のような役割である。

（a）家族や仲間内、当該社会のなかで気楽に、率直にコミュニケーションを

行うための役割。「方言でないと自分の気持ちが伝えられない」、「（東日本大震災などで顕在化した）痛みや苦しみの気持ちは方言でないと的確に伝えられない」などの発言に端的に現れる機能である。

(b) ほかの言語や変種とは異なる「われわれの言語や変種、仲間内のことば（we-code、ガンパーズ 2004）」として、その言語や変種を使用する人々のアイデンティティを担い、結束性を固める役割。

(c) さらに積極的に、社会的に上位の社会に対抗する力の象徴として、隠れた威信（covert prestige）を担う役割。思春期の子どもが学校でわざと「悪い・汚い」とみなされていることばを使用する、反社会的勢力の間で隠語が使用される、などの事例に見られる役割である。

　現代社会に生きるわれわれには、一方では地元やよその土地で初対面の人と話したり、大勢の人の前で話したりする機会があり（開いたネットワークにおける共有知識の少ない話者の間での、公式度の高いコミュニケーション）、また一方では家族や親族、ごく親しい人が少人数で会話を行う機会がある（閉じたネットワークにおける共有知識の多い話者の間での公式度の低いコミュニケーション）。前者では一般に標準語が使用され、後者では方言（日常語 vernacular）が使用されるが、このような、公式度の異なったタイプのコミュニケーションが併存するかぎり、そこで使用される言語や変種の間にも社会的な格差が存在し続ける。そして、そのような社会的な格差を帯びた言語や変種には、ことばの男女差のような、そもそもそれを生み出してきた社会の変革が求められるような場合を除き、それぞれが担う社会的な役割があり、話者のさまざまな意識や態度を示すための社会的なマーカーとして、会話のなかで積極的に活用されることがあるのである。

― 6 ―
言語間格差への対応

　言語や変種の間に存在する社会的な格差は、とくに問題視されることなく放置されるケースがあるが、ことばの男女差や、多数民族の言語と少数民族の言語の間の格差のように、それを問題と捉え、解決（格差の解消）をめざ

すケースも多い。ネウストプニー（1995）の言語管理の理論は、そのプロセスを次の流れで把握している。

　　①期待（規範）からの逸脱→②逸脱への留意→③逸脱の評価→

　　④調整手続きの選択→⑤手続きの実施

格差の解消を試みる場合には、①ある言語共同体において言語や変種の間に社会的格差が生じる、②その格差に、研究者や共同体のメンバーが気づく、③その格差を望ましくないものとして評価する、④その格差をなくすための方法を検討する（3節で述べた地位計画や実体計画）、⑤その方法を実行に移す（3節の普及計画）といったことを行うことになる。

　このような手続きは、3節で述べたような、国の機関が主導して実施するケースがある一方で、企業や草の根レベルで行われるケースも多い（役職にかかわらず「さん」で呼び合う会社、「主人」「家内」の不使用など）。

　しかし、言語間の格差をめぐっては、消滅の危機に瀕した言語など、一方にはその国の伝統、文化的財産として何らかの保護や継承活動の必要性を主張する立場もあれば、政治的（国家の分裂を招きかねないなど）、経済的（莫大な必要経費など）な問題を理由に実施を見送るべきであるとする立場もある。また、当該言語の話者自身の間にも、民族のアイデンティティを維持するために言語を守るべきことを主張する立場もあれば、その言語を使用し続けることの社会的なメリットがないためにその必要性を認めない立場もある。たとえ②の逸脱への留意が行われても、③の逸脱の評価の段階で議論が紛糾し、④調整手続きが実施されないケースも多い。問題は複雑である。

　ことばの格差への対応は、社会のなかでの言語の使用実態を明らかにすることを主たる任務とする社会言語学の守備範囲を超えるものかもしれないが、社会のなかでことばを考える場合には常に留意しておくべきことである。

— 7 —
まとめ

　以上本章では、言語や変種の間に存在する社会的格差に注目し、世界のなかでの言語間格差（2節）、ひとつの国家のなかでの言語間格差（3節）、ひとつの言語のなかの下位変種の間の格差（4節）を整理した。また、言語や変

種の間の格差は、社会的に上位にあることばが下位のことばを一方的に虐げるだけではなく、下位のことばにも一定の社会的な役割があることを確認し（5 節）、この役割や話者の意識、国家等の政治的、経済的状況などが、国家機関や民間レベルにおけることばの格差への対応をむずかしくしていることを指摘した（6 節）。

　言語であれ変種であれ、どの言語共同体においても、「ことばの多様性」は避けられない。そしてその多様性（言語や変種）の間には「社会的な格差」があり、その共同体に「言語問題」をもたらしている。社会言語学という研究分野の成立と存在意義には、「ことばの多様性」「多様性の間の社会的な格差」「言語問題」といった要因が深く関わっており、今後も最も重要なキー概念であり続けるはずである。

■ 参考文献

クルマス, フロリアン（著）諏訪功・菊池雅子・大谷弘道（訳）(1993). ことばの経済学. 大修館書店.
ガンパーズ, ジョン（著）井上逸兵・出原健一・花崎美紀・荒木瑞夫・多々良直弘（訳）(2004). 認知と相互行為の社会言語学―ディスコース・ストラテジー―. 松柏社.
林大（監修）宮島達夫・野村雅昭・江川清・中野洋・真田信治・佐竹秀夫（編）(1982). 図説日本語―グラフで見ることばの姿―. 角川書店.
井上史雄 (2001). 日本語は生き残れるか―経済言語学の視点から―. PHP 新書.
小林隆 (2004). アクセサリーとしての現代方言. 社会言語科学, 7(1), 105–107.
レイコフ, ロビン（著）かつえ・あきば・れいのるず（訳）(1985). 言語と性―英語における女の地位―. 有信堂.
ネウストプニー, イルジー, V. (1995). 日本語教育と言語管理. 阪大日本語研究, 7, 67–82.
日本語記述文法研究会（編）(2009). 現代日本語文法 2　第 3 部 格と構文・第 4 部 ヴォイス. くろしお出版.
野村剛史 (2019). 日本語標準語（スタンダード）の歴史―話し言葉・書き言葉・表記―. 講談社選書メチエ.
真田信治 (2001). 関西・ことばの動態. 大阪大学出版会.
真田信治（編）(2006). 社会言語学の展望. くろしお出版.
柴田武 (1958). 日本の方言. 岩波新書.
渋谷勝己 (2018). 標準語の癖―論理性と分析性―. 日本語学, 37(1), 50–59.
渋谷勝己 (2019). 「裏側」のことば. 日本語学, 38(12), 2–10.
田中ゆかり (2011). 「方言コスプレ」の時代―ニセ関西弁から龍馬語まで―. 岩波書店.
寺村秀夫 (1984). 日本語のシンタクスと意味Ⅱ. くろしお出版.
トラッドギル, ピーター（著）土田滋（訳）(1975). 言語と社会. 岩波新書.

ユネスコ危機言語関係ウェブサイト

http://www.unesco.org/languages-atlas/ （2021.5.12 最終アクセス）

■推薦図書 ─────────────────────────────────

クルマス, フロリアン（著）山下公子（訳)(1987). 言語と国家―言語計画ならびに言語政策の研
　　究―. 岩波書店.
　　主に国家内の言語間格差と言語問題への対応のあり方を探る。
井上史雄 (2001). 日本語は生き残れるか―経済言語学の視点から―. PHP 新書.
　　英語と日本語のせめぎあいを事例として言語間格差と言語問題を考える。
真田信治（編)(2006). 社会言語学の展望. くろしお出版.
　　ことばの多様性とその社会的格差、言語問題を、発展的に考察する。

調査の課題

1 みなさんが興味をもっている国をひとつ選び、その国ではどの
ような歴史的経緯のもとでどのような言語が国語もしくは公用
語として採用されているか、調べてみよう。

2 さまざまな文献やインターネットで「エスペラント」や「ラザ
ロ・ルドヴィコ・ザメンホフ」のことを調べ、ザメンホフはな
ぜエスペラントを作ることを考えたのか、そのことばをどのよ
うにして作り上げたのか、それをどのような方法で広めようと
したのか、などを、整理してみよう。

3 みなさんが住んでいる自治体のウェブサイトのうち、外国人向
けに用意されているページを閲覧し、（やさしい日本語を含め）
どの言語でページが用意されているかを調べてみよう。また、
そのページの構成や内容、言語の選択などに問題がないか、自
治体の外国人居住者数や外国人観光客数のデータなどを参照し
つつ、考えてみよう。

―― 第 **4** 章 ――

標準語と方言

塩田雄大

この章のポイント

標準語・共通語と方言の位置づけを概観した上で、「ガ行鼻音（鼻濁音）」と「ら抜きことば」に関する地域差を取り上げる。また、現代における方言の使われ方と、方言の位置づけの変化について紹介する。標準語・共通語が広まったことによって、方言に関する新たなトピックや観点が生まれている。伝統的な方言そのものは変化・衰退したとしても、方言的背景と強く結びついた言語事象は、今後ともなくならない。

― 1 ―
「言語」「標準語」「共通語」「方言」

最初に、「言語」「標準語」「共通語」「方言」について考えてみる。

ある1つのまとまった意思疎通手段〔＝「ことば」〕のことを、社会的な「機能・役割・位置づけ」の違いによって、「言語」と呼んだり、「標準語」「共通語」あるいは「方言」と呼んだりすることがある。言いかえると、この意思疎通手段が「言語」「標準語」「共通語」「方言」のいずれの呼称をもって扱われるものなのかは、おもに社会的な観点と取り上げる目的によって選択・決定されるものであって、内的な構造〔＝「言語学」の取り扱うハードコアの部分〕のみから決定することは不可能である。このような問題は、言語自体を（現実の社会の文脈から外して）いくら分析してみても、答えが出るものではない。

「方言」に対比されるものは、少なくとも2つある。1つは、「方言⇔言語」という形で対比されうるもので、ある「言語」の下位区分としての「方言」である。これに関連して、例えば与那国島で話されていることばは、日本語という言語の中の1つに含まれるものとして「与那国方言」と位置づけるべきなのか、あるいは日本語とは別個の独立した言語として「与那国語」としたほうがよいのか、などといった課題が生じうる。これは、相互に理解が可能であるかどうかといった観点だけでは解決がつかない。

　もう1つは、「方言⇔［標準語・共通語］」という形で対比されうるものである。例えば、東京の小学校のある校長先生が話すことばは、「標準語」「共通語」あるいは「東京方言」のどれに当たるのか、という問題などである。

　本章では、おもに後者の「方言」(=［標準語・共通語］と対比されうる「方言」)について取り上げる。

1.1　「標準語」

　一般に「標準語」がどんなものを指すのかについては、少なくとも3つのバリエーションを考えておく必要がある（塩田 2018a）。

　1つめの「標準語」は、「通じることばとして、現実に広く使われているもの」の一形態という観点から語られるものである。これは特に改まった（かしこまった）場面で用いられるもので、また耳にしたときに特定の属性的特徴（男女・年代・地域など）を想起させないようなものを指す。だれかがその細部まで決めたわけでもないが、とにかくそのようなものが「事実上(de facto)」標準語として扱われているのである（ここでは区別のためにこれを【事実上の標準語】と呼んでおく）。「標準語を話す」などが、この例に当たる。

　2つめの「標準語」は、現実に使われていることばそのものではなく、「このように使うのが『正しい』ことばなのですよ」という内容を人為的に規定・明文化した「標準的とされることばの使用についてのルールのセット」とでも呼べるようなものである。規範的な「手本」の一種であり、国家などのなんらかの権威を背景にして公的に制定(authorize)されるものも含まれる（【明文化した標準語ルール】と呼んでおく）。「標準語を制定する」な

どが、この例に当たる。

　3つめの「標準語」は、この【明文化した標準語ルール】を強く意識（conscious）した上で現実に「ことば」として話されたものである（【ルールを実践した標準語】と呼んでおく）。意識的な操作を経た特殊な実現形態である。例えば「アナウンサーの話す標準語」などが、この例に当たる（アナウンサーはふだんから「あのような」話し方をしているわけではなく、放送という特殊な場面での一種の「スタイル」によるものである）。

　なお、ここで言う【事実上の標準語】に該当する「標準語」の意味・用法には、さらに2種類のものがある。1つは、「日本全国で同じように使われているもの〔＝基本的に全国単一のもの〕」を指すとらえ方である。もう1つは、各地域でのフォーマルな話しことばとして各地域にさまざまな「標準語」（関西の標準語、九州の標準語など）が存在するというとらえ方である（真田 2000）。後者は柴田（1958）の言う「地方共通語」に当たる。

1.2 「共通語」

　次に「共通語」については、この指し示す範囲を最大限に広く解釈した場合には、「もともと話していることばが互いに違ったものであっても、ある場面において話がきちんと通じれば、そこで用いられていることばは「共通語」の役割を成している（そこにたとえ「ある程度の地域的な特徴」が見られたとしても）」ということになる。しかし実際には、「共通語」ということばがこのような意味で用いられることはあまりなく、先ほど示した3つの「標準語」のバリエーションのうちの1つとほとんど同じ意味で使われることが多い。例えば、「その言い方は「共通語」として間違っている」と言った場合、【明文化した標準語ルール】が示すところによれば、そのような言い方は認められていない」という趣旨であることがよくあるものである。

　また、「共通語」という言い方は「標準語」の言いかえ語として戦後に新造されたものであると語られることがあるが、これはまったくの迷信・俗説であって、「共通語」ということばの戦前の使用例はいくらでも見つかる（塩田 2013）。「『共通語』ということばが世間に広まったのは、戦後」というように考えるべきであり、次のようにとらえておくのがよいだろう。

一般的には、戦前・戦中は「標準語」という呼び名が主流であったが、戦後に国立国語研究所が「共通語」という呼び名を使い、これが学習指導要領にも取り入れられたこともともなって、概念規定は不統一のまま、「標準語」から「共通語」への言いかえが進んだ。一方、研究者の領域では、「標準語」と「共通語」を使い分ける習慣が続いた。ただしその使い分け方は研究者によって異なる。　　　　　　　　　　　（塩田 2013: 15）

　なお、国際比較調査の結果では、日本はほかの欧米諸国に比べて、「標準語」は放送をはじめとする「メディアで用いられる言語」であると考える人の率が高く、また「標準語」を使う人の職業として「アナウンサー」を回答する人の率も高い（Smakman 2012）。

1.3　「方言」

　「方言」ということばは、一般には、「方言で話をする」というような使い方〔=「言語」を指す〕と、「『線引き』というのは『物差し』を意味する方言だ」というような使い方〔=「語」を指す〕がなされている。方言学では、前者（=言語）を「方言」、後者（=語）を「俚言」（あるいは「方言形」）と呼んで区別することがある。

　また社会言語学では、前者のように体系に言及するものを「変種（variety）」、後者のように個々の言語要素を言うものを「変項（variable）」と呼ぶこともある。

　日本語の「方言」は地域によって異なることばについてのみ言うことが一般的だが、英語の dialect は地域によるものだけでなく社会集団（年齢・性別・職業・社会階級など）によって異なることばのことも指す。これに従って、日本の社会言語学でも「地域方言（regional dialect）」と「社会方言（social dialect または sociolect）」という呼称の使用が定着している。

　共通語と自分の方言への印象について尋ねた世論調査の結果[1]（塩田 2018b）では、「共通語」に対して特に多い回答は「きれい」「特に感じない」

1　2018 年実施、全国 1,200 人回答。複数回答形式。

「親しみが持てる」「使いやすい」であったのに対して、自身の「方言」に対しては「親しみが持てる」が圧倒的に多く、次いで「使いやすい」「味がある」というような回答が多い（図 1）[2]。

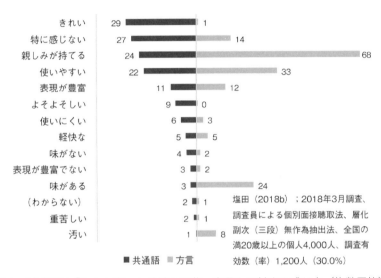

図 1 「共通語」「生まれ育った地域の言葉・方言」に対する感じ方（複数回答）

全体としては、次のように言える。
- ▼ 「共通語」には「きれい」という回答が多いが、「方言」に対して「汚い」という回答が際立って多いわけではない
- ▼ 「共通語」に関しては特定の印象を抱かない人が多い
- ▼ 「親しみが持てる」「使いやすい」は「方言」に対する回答において多いが、「共通語」に対する回答でも選ばれている

ここから、現代においては、「共通語」は「（必ずしも特定の印象を抱くような対象ではない）便利なツールとしてのことば」、「方言」は「親しみの持てることば」というような全体構図になっているものと見ることができる。

---

2 以降、図中の数値は％を表す。

1.4 「気づかない方言」

　ある地域で使われている方言語形や方言的な用法に関して、「これは共通語だ」と一般に思われている場合がある。これは「気づかない方言」「気づかれにくい方言」と呼ばれ、共通語・標準語と方言の中間的な現象として位置づけられる。学校などの公的な場面でも使われる「ビーシ」（模造紙；東海地方）、「ラーフル」（黒板消し、黒板拭き；鹿児島県など）や、おもに私的な場面で使う「なげる」（捨てる；東北地方など）、「なおす」（片付ける；西日本）、「待っておく」（待っている；西日本）などがある。ほかの地域に行って（改まった場面で）使ったときに、はじめてそれが通じないということに気づくことになる。

1.5　方言形の分布

　あるものを指すのに地域によって違う言い方をしたり、またその反対に、ある1つの言い方が別の地域では違うものを指したりするのは、よくあることである。こうした事象を日本全国という単位で見たとき、ある言い方がまったくばらばらに（無秩序的・無法則的に）分布していることもあるが、中には一定の傾向性を帯びて分布しているものがある。こうした様相について、ここではおもに語形の分布を中心に見てゆきたい。

1.5.1　東西分布

　沖縄を中心として話されていることばを「琉球語」として位置づけるか、あるいは「琉球方言」として位置づけるかをめぐっては、さまざまな立場・考え方がある。仮にこれを日本語の一変種〔＝「琉球方言」〕として扱う場合には、日本語の中でもっとも大きな方言差があるのは、「本土方言」と「琉球方言」との間である。そして、さらにこの「本土方言」の中における大きな断層は、東日本と西日本の間に存在する。あるものごとの言い方に関して、東日本の各地ではある似たような形が使われるのに対して、西日本の各地ではそれとは異なる形が使われるというふうに、まとまった形で「東西分布」を示す。東西分布は、基層的な語（存在を表す「おる～いる」、否定

を表す「ん〜ない」など）だけにとどまらず、近年になって使われるように
なったと思われる語（「ミンチ〜ひき肉」「わたがし〜わたあめ」「焼き飯〜
チャーハン」など）についてもしばしば観察される。

1.5.2 周圏分布

ある語形 B がまとまった形で分布しており、その周りに別の語形 A が分
布するような様相を、「周圏分布」または ABA 分布と呼ぶ。池に小石を投
げ入れたときに、丸い形の波紋（同心円）が次々と広がっていくような形の
分布である。この分布に解釈を与えたのが柳田国男の「方言周圏論」であ
る。『蝸牛考』において、全国の「かたつむり」の言い方を、ナメクジ系・
ツブリ系・カタツムリ系・マイマイ系・デデムシ系などに分類し、京都中心
に分布するデデムシ系を中央に置いて、各類の語が、同心円のように分布し
ていると判断した。

現実の分布図において諸語形の同心円がきれいに表れることは少ない一方
で、多数の語を総合的に扱うと、かつては京都から周囲に伝播したパターン
を読み取ることが可能な場合がある。周圏分布の観点は、現実の方言形の分
布を解釈するときの理論的なモデルの選択肢の 1 つとして位置づけられる。

1.6 方言の社会言語学的 3 類型の変遷

日本語の方言は、社会言語学的には、3 類型の変遷として位置づけられ、
共通語・標準語使用能力の普及とも関係づけられる。

方言の第 1 類型は「撲滅の対象」「方言は悪いことば」というとらえ方
で、特に戦前に多かった。「方言コンプレックス」の根源であり、方言殺人
事件なども引き起こした。

第 2 類型は客観的・中立的な「記述の対象としての方言」で、江戸時代
から現代まで続く。

近年目立つのは第 3 類型で、「娯楽の対象としての方言」である。方言が
マスメディアに登場し、文章にも使われ、楽しまれている。現在は方言と共
通語の双方を使いこなす二重方言話者（バイダイアレクタル bidialectal）も多
くなった。方言が一種の文体（スタイル）として使い分けの道具になり、ス

パイスとして、アクセサリーとして、またはコスプレのツールとして使われる。後述する 4 節のメールでの方言使用も、この第 3 類型の現れである。

— 2 —
ガ行鼻音

　母音や子音の音色^{ねいろ}は、日本全国で一様ではない。例えば、国語施策に関する組織である国語審議会が 1954 年に出した報告「標準語のために」³ には、「う」の発音に関して、次のように記されている。「母音〔ウ〕の発音は、東京では平くちびるで発音されて、実は〔u〕ではなしに〔ɯ〕に近い。西日本、ことに四国・九州では、くちびるが左右から寄ってまったく〔u〕の本色を備えている。…〔中略〕… できたら関西流にこころもちくちびるを左右から寄せぎみの〔ウ〕の発音をもって標準音としたい」。西日本で一般的である〔u〕の発音を、標準語として人為的に取り入れるべきだという提案・構想が、20 世紀なかばごろに公的に提出されていたのである。

　「う」に限らず、さまざまな母音・子音に関して地域による違いがあるが、次に「ガ行鼻音（鼻濁音）」の地域差について取り上げる。

　ガ行に関して、破裂音の [g] を用いた [ga] [gi] [gɯ] [ge] [go] ではなく、鼻音の [ŋ] を用いた [ŋa] [ŋi] [ŋɯ] [ŋe] [ŋo] で発音したものが、「ガ行鼻音（鼻濁音）」である。発音記号の代わりにカタカナを使って示す場合には［カ゜キ゜ク゜ケ゜コ゜］のように半濁点を付して表す習慣がある。原則として語頭には現れず、語中に現れうる。放送ではガ行鼻音（鼻濁音）を使うことは、少なくとも戦前のラジオ放送では疑う余地のないものであった（塩田・東 2017: 61）。合唱や演劇でも、練習・訓練することがある。

　東京での発音に関して言うと、単純語での語中のガ行は、かつては基本的にガ行の鼻音 [ŋ] で現れたが、現代ではガ行の破裂音 [g] が主流になった。中国・四国・九州などでは、もともと鼻音 [ŋ] が無い地域が多い。一方東北では、若年層での鼻音 [ŋ] の衰退現象は見られるものの、全体としては鼻音 [ŋ] が比較的よく用いられている。

3　「東京語を、正しい形・誤った形・なまった形に分けて、将来の標準語の姿への方向性を明らかにしようとした」もの（文化庁 2005）。

2.1 ガ行鼻音の使用の現況

ガ行鼻音に関する最近の実態を調査したものとしては、「かがみ（鏡）」の「が」の発音について、2009 年に得られた全国 20–79 歳の男女 712 人の録音を分析したものがある。「ガ」が鼻音による [ŋa]、「ガ」が破裂音による [ga] を表すもので、年代別には、若年層になるほど鼻音 [ŋa] での発音が少なくなっている。地域別には、全国的に破裂音 [ga] のほうが優勢な中で、東北においては鼻音 [ŋa] も半数を超える割合で用いられている。

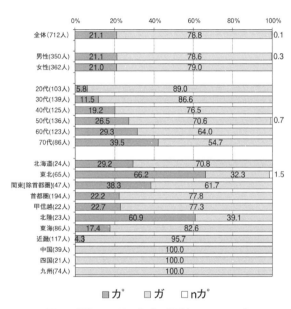

図 2　「鏡」のガの発音（尾崎 2015: 156）

2.2 ガ行鼻音に対する印象

次に、耳にしたときの印象（感じがよいかどうか）について尋ねた調査を見てみる。1979 年におこなわれた調査 [4] では、6 つの語句の平均として「鼻

---

[4]　6 つの語句（はがき、囲碁将棋、歯車、お中元、たまご、春が来た）のガ行の子音部分を鼻濁音 [ŋ] と濁音 [g] で発音して録音したテープ音声を一般の人（全国 2,639 人）に聞かせて「どちらが感じがいいか」について尋ねたもの。

濁音がよい」が 46%、「濁音がよい」が 37% となり、この調査時点ではガ行鼻音の発音が好まれる割合のほうが大きい結果となっていた（図3）。ただし年齢差が顕著であり、若い年代になるほどガ行鼻音が好まれる率が小さくなっている。また地域別には、東日本ではガ行鼻音のほうを「感じがいい」と答える人が多く、一方西日本ではその反対であることが明らかになっている。

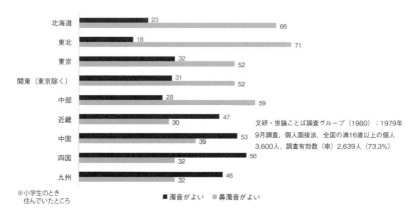

図3　鼻濁音と濁音　どちらがよいか

大枠で見ると、ガ行鼻音が保たれている地域の人はそれを「感じがいい」と考え、そうでない地域の人はその逆の意見になるという、我田引水的な「人間らしい」傾向が見て取れる。

一方、これと同じ手法で 1981 年に東京都内の中学校2校の2年生（計394人）を対象におこなった調査では、6つの語句の平均として「鼻濁音がよい」が 20%、「濁音がよい」が 56% と、ガ行鼻音が好まれる率は相当低い結果になった（稲垣ほか 1981: 29）。この時点ですでに、ガ行鼻音は東京都内の中学生の間ではかなり劣勢になっていたようである。

― 3 ―
「ら抜きことば」

　文法面での現実的な問題の例として「ら抜きことば」を見る。いわゆる「ことばの乱れ」論議で話題になるテーマの典型例であり、多くの実態調査がある。

　「起きることが可能である」ということを意味する言い方はさまざまあるが、それらのうち「起きれる」というような言い方のことを、（「起きられる」と比べると「ら」がないので）「ら抜きことば」と呼ぶ。「起きれる」「来れる」というような「ら」のない言い方自体は東京でも明治期のころから使われることはあったと推定されるが、こうしたものをまとめて「ら抜きことば」という呼び名で呼ぶようになったのは、1980 年代以降である。「ら抜きことば」は、一段動詞（「起きる」「食べる」など）とカ行変格活用動詞（「来る」）に現れうる。ただし動詞によって「ら抜き」の出やすさに差があり、おおむね、長い動詞になるほど相対的に出にくくなる傾向があることが知られている。

3.1　「ら抜きことば」の使用の現況

　「ら抜きことば」に関する全国的な大規模調査として最近のものに、文化庁の「国語に関する世論調査」がある。そのうち「（今年は初日の出が）見られた／見れた」の使用〔＝「あなたが普通使うものはどちらですか」〕について 2021 年 3 月に実施された調査の結果を地域別に見てみると（図 4）、関東においては「見られた」が多いが、それ以外の地域は「見られる」よりも「見れた」のほうが多い（文化庁国語課 2021）。

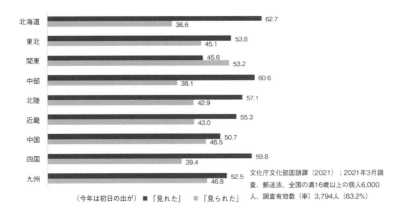

北海道　62.7 / 36.6
東北　53.8 / 45.1
関東　45.6 / 53.2
中部　60.6 / 38.1
北陸　57.1 / 42.9
近畿　55.3 / 43.0
中国　50.7 / 46.5
四国　59.8 / 39.4
九州　52.5 / 46.8

（今年は初日の出が）■「見れた」　■「見られた」

文化庁文化部国語課（2021）；2021年3月調査、郵送法、全国の満16歳以上の個人6,000人、調査有効数（率）3,794人（63.2%）

図4　あなたが普通使うものはどちらですか

3.2　「ら抜きことば」に対する考え

　次に、「ら抜きことば」に対する考えに関する調査の結果を示す。塩田（2022b）では「ら抜きことば」について「かしこまった場面で使ってもよいと思うかどうか」を尋ねているが、このうち「起きれない」の結果を示す（図5）。

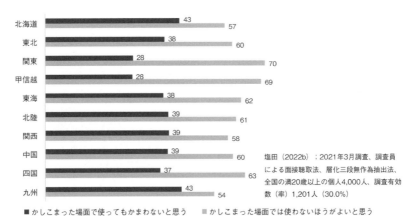

北海道　43 / 57
東北　38 / 60
関東　28 / 70
甲信越　28 / 69
東海　38 / 62
北陸　39 / 61
関西　39 / 58
中国　39 / 60
四国　37 / 63
九州　43 / 54

■ かしこまった場面で使ってもかまわないと思う　　■ かしこまった場面では使わないほうがよいと思う

塩田（2022b）；2021年3月調査、調査員による面接聴取法、層化三段無作為抽出法、全国の満20歳以上の個人4,000人、調査有効数（率）1,201人（30.0%）

図5　「そんなに早い時間には起きれない」

　関東では、「かしこまった場面では使わないほうがよい」と考える人の占める割合がたいへん大きい。

　また、塩田（2022a）では「NHK の放送では、[「ら抜きことば」は使わないほうがよい ／使ってもかまわない]」という 2 つの考え方について尋ねている（図6）。この結果でも、「「ら抜きことば」は使わないほうがよい」の回答は関東でとても多くなっている。

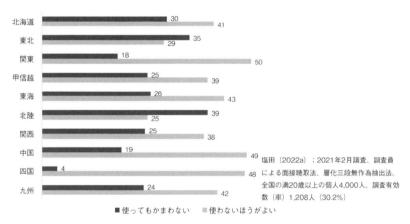

図6　NHK の放送では、「ら抜きことば」を…

　さらに、「ら抜きことば」に関する「発音と表記の一致・ずれ」についての調査[5]があり、テレビに出た人（ここでは「俳優」）が「見れる」と言った場合、画面に示す字幕としては「『見られる』に修正」あるいは「『見れる』のまま」のどちらがよいか尋ねている。「『見られる』に修正」という意見の占める割合が全国でもっとも高いのは、やはり関東地方である（図7）。「標準語」あるいは「正しい日本語」の判断に当たって基準になるのは、多くの場合、「自分自身のことば」なのである。

――――――――――
5　2017 年実施、全国 1,208 人回答。

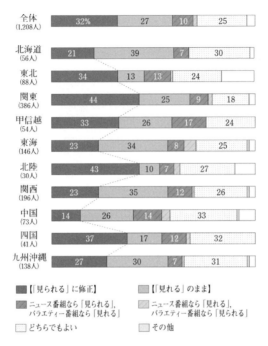

図7 俳優がテレビで「見れる」と発言したら、字幕スーパーは…

（塩田・山下 2017: 52）

― 4 ―
言語運用の地域差

　ここまで「ガ行鼻音」と「ら抜きことば」などの言語内要素をめぐる地域差について見てきたが、ここからは言語（方言・共通語など）そのものの使い方（運用）の地域差について考えてみる。

4.1　メールで方言を使うか

　方言はかつては話しことばとしてのみ使われるもので、実質的な伝達のために方言が文章に記されることはまれだった。最近は方言が文字で（特に、メールや SNS などで電子的に）記されることが多くなった。

　自分の方言に対する親しみの度合いは、概して西日本のほうが東日本より

も大きい。例えば、メールを書いて友人に出すときに方言をまじえて書くことがあるかどうかを尋ねた世論調査の結果 (塩田 2012) に関して、「ふだんメールを使わない」という回答を除外して再集計すると、全国平均では「よくある」が 21%、「ときどきある」が 20% で、合計 41% であった。この数値 (合計値) を地域ブロック別に見てみると、北陸・関西・中国・四国・九州においては軒並み 50% を超えており、一方、北海道・東北・関東・甲信越・東海においては 50% を切っている (つまり「あまりない＋まったくない」のほうが多い) ことがわかった (図 8)。

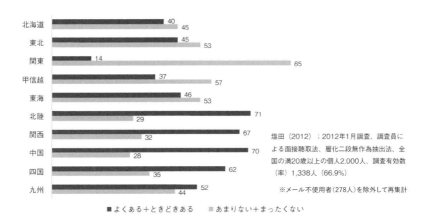

図 8　メールを書いて友人に出すときに、方言をまじえて書くことは…

4.2　ほかの地域の人に対して方言を使うか

よく「関西人はどこに行っても自分のことばで通す」ということが言われるが、これは自己認識を尋ねた調査の結果においても数値的に確かめられる。2015 年の Web 調査 [6] の結果 (田中ほか 2016) によると、[(A) 家族、(B) 同じ出身地の友人、(C) 異なる出身地の友人] それぞれに対して出身地の「方言」を使うことがあるかどうかを尋ねた結果のうち、[(C) 異なる出身地

6　全国 20 歳以上の男女 1 万人が回答。

の友人］に対して「よく使う」というのは近畿地方が全国トップであり、この「よく使う」と「使うことがある」を合計した数値は近畿地方では半数を超える（図9）。

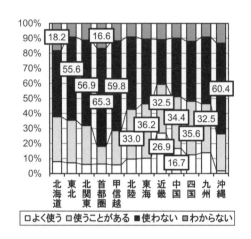

図9　生育地方言使用程度（対異郷友人）（田中ほか 2016: 131）

4.3　言語的発想法の地域差

個々の単語や文法表現の地域差は方言分布地図によって明らかにされてきたが、近年、その背景にも考察が及ぶようになった。話し方(談話)のパターンや話す内容にも地域差があることが、示されるようになってきた。

頭の中にある考え（発想）をどのような形で言語化して表すか（あるいは言語化したりせずに黙っているか）ということをめぐる研究が、近年進展している。これまでおこなわれてきたさまざまな調査を対象とした総合的な分析・解釈を通して、言語的な発想法に関する以下の7つの側面が提起されている（小林・澤村 2014）。

・口に出すか出さないか（発言性）
・決まった言い方をするかしないか（定型性）
・細かく言い分けるかどうか（分析性）
・間接的に言うか直接的に言うか（加工性）
・客観的に話すか主観的に話すか（客観性）

78

　・言葉で相手を気遣うかどうか（配慮性）

　・会話を作るか作らないか（演出性）

　その上で、この 7 つの言語的発想法に関して、「近畿を中心として西日本、および関東地方では活発であるのに対して、九州と東日本、とりわけ東北地方では不活発である」（小林 2017）という推論が提案されている。例えば「配慮性」について見てみよう。相手の荷物を自分が代わりに持とうとする場面で、「持ってあげる」というような言い方は東北・中国や九州の一部に分布しているのに対して、「持たせてもらう」のような言い方は近畿地方に集中している（小林・澤村 2014）。これは実際の恩恵関係について考えた場合、「持ってあげる」のほうが現実に即した表現であるはずである。なぜなら、発話者が相手の荷物を持った結果、恩恵を受けるのは相手であり、それであれば発話者が聞き手に恩恵を与える表現である「〜あげる」がマッチすることになるからである。それに対して「持たせてもらう」はことばの上では発話者が恩恵を受けるということを述べる形になっており、現実の状況には必ずしも該当しない。「持ってあげる」のように現実に即した表現をそのまま用いる傾向が東北に見られるのに対して、荷物を持つことがあたかも話し手の利益であるかのごとく、受益表現を使って話すのが近畿である。

　なお、この「持たせてもらう」と同種の表現である「させていただく」については、方言分布地図で関西中心の分布がすでに明らかになっていたが、世論調査やウェブサイト上の書き込みの分析からも、関西での使用率は相対的に高く（ただし現代では東京もかなり高い）、同時に比較的よく好まれていることが確認されている。

　共通語・標準語を自由に駆使する人は全国的にこれまでよりもさらに増えるものと予想される一方で、地域特性や方言的な背景に基づいた発想法などについては、それほど早く変化していかないものなのではないだろうか。音声面・文法面・語彙面では「（表面上）まったくの共通語・標準語」であっても、発想法・談話展開の面で見ると「地域的・方言的」であるというような言語活動が、今後多くなってくるように思われる。つまり、こうした面での「方言差」は、そう簡単にはなくならないはずである。

— 5 —
方言の変容・位置づけの変化：ネオ方言と新方言

　伝統的な方言にはなかった言い方が、新たに生まれたり使われたりするようになることがある。これに関連して、「ネオ方言」と「新方言」という概念について説明する。

　ある地域（例えば関西）において、東京語の影響を受けながら、東京語そのままではないものの、従来の方言談話の中に東京っぽい要素を取り入れた談話スタイルが若者たちに広まっており、これは「ネオ方言」と命名されている（真田 1996）。ネオ方言が含む特徴的な言語要素として、例えば「ケーヘン〔=「来ない」の意〕」という伝統的な方言形が標準語形「コナイ」の影響を受けて生まれたとされる「コーヘン」という比較的新しい言い方などが挙げられる（真田 2001）。

　一方、「若い世代にひろがりつつあり、改まった場面では余り用いられず（つまり文体が低く）、しかもいわゆる標準語、共通語とは語形が違うもの」（井上 1985）が、「新方言」と命名されている。新方言は個々の言語要素（方言形）を指す概念であり、「ネオ方言」とは着眼点が異なる。

　新方言の実例は井上・鑓水（2002）において大量かつ詳細に例示されているが、その1つの例として「うざったい」を取り上げてみる。これはもともと東京の多摩地区での方言形であるが、1970年代ごろに都区内に流入し始めたようである。1983年の時点での調査では、若年層が家で話すことばとしては、この方言語形の源泉である多摩地区では非常によく使われるが、それに加えて都区内でも使う人が少し出てきていた（井上 1998）（図 10）。

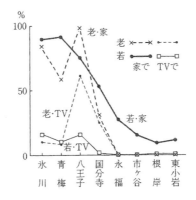

図 10　東京 8 地点の「うざったい」の地域差・年齢差・場面差（1983 年）

（井上 1998: 88）

— 6 —
ヴァーチャル方言・方言コスプレ

　かつて外国映画の日本語吹き替えで、日本語の方言（的なもの）が使われることがよくあった。これは、その登場人物が「地方出身」であるということを意図的に示そうとする際におこなわれたものである。例えば、アメリカ南部の方言話者が話した英語を日本語に訳して吹き替えるときに、疑似東北方言のようなものが使われることがあった（塩田 1999）。

　このようなことばの使い方は、現実にはあり得ないという点で、ヴァーチャルなものである。こうした事象に関して、このようなヴァーチャルなことばづかいを「役割語」という新しい観点からまとめ上げて総合的かつ詳細に分析している金水は、日本人の「田舎ことば」に対するまなざしと、黒人に対するまなざしが重なり合うことによって成り立っている表現であると論じている（金水 2003）。

　また、ふだんのくだけた会話において、話者自身の母方言とは必ずしも関係のない方言的要素をちりばめて用いることがある。例えば、関西の出身ではない人が「なんでやねん」ということばを使ったりするものである。こうした動きを継続的に追いかけている田中は、「方言コスプレ」と命名し

た上で、「話し手自身が本来身につけている生まれ育った土地の「方言」(生育地方言) とは関わりなく、日本語社会で生活する人々の頭の中にあるイメージとしての「○○方言」を、その場その場で演出しようとするキャラクター、雰囲気、内容にあわせて臨時的に着脱すること」と説明している (田中 2011)。

― 7 ―
まとめ　方言の社会的地位の変化

　世界全体で、人の短期的・長期的移動が多くなり、コミュニケーションの範囲が拡大して、同一のことば (国際的には、特に英語) を使う必要性・利便性が広がった。日本国内においては、戦後の共通語教育で共通語と方言の使い分け (併存) を目指し、目標は達成された。その一方で、沖縄県などでは若い世代が方言を理解しなくなったため、学校や地域で方言教育をおこない、方言イベントを開いたりしている。国内のほかの方言も若い話し手を失って危機方言となりつつあるものもある。

　こうした状況において、ヴァーチャル方言や方言コスプレは、日本語方言の社会的位置づけが長期的に変化してきた最先端を示している。かつておとしめられていた方言が、現代では共通語と同等、場合によってはそれ以上の立場を認められ、プラスイメージを持ってとらえられるようになっているのである。

■ 参考文献

文化庁 (2005). 国語施策百年史. ぎょうせい.

文化庁国語課 (2021). 令和 2 年度 国語に関する世論調査〔令和 3 年 3 月調査〕

文研・世論ことば調査グループ (1980). 現代人の話しことば. 文研月報, 30(2), 32–53.

稲垣文男・石野博史・最上勝也 (1981). 中学生の言語感覚. 文研月報, 31(5), 25–36.

井上史雄 (1985). 新しい日本語―〈新方言〉の分布と変化―. 明治書院.

井上史雄 (1998). 日本語ウォッチング. 岩波書店.

井上史雄・鑓水兼貴 (2002). 辞典〈新しい日本語〉. 東洋書林.

金水敏 (2003). ヴァーチャル日本語 役割語の謎. 岩波書店.

小林隆 (2017). 言語的発想法と方言形成. 大西拓一郎 (編) 空間と時間の中の方言学, pp. 39–70. 朝倉書店.

小林隆・澤村美幸 (2014). ものの言いかた西東. 岩波書店.

尾崎喜光 (2015). 全国多人数調査から見るガ行鼻音の現状と動態. ノートルダム清心女子大学紀要 外国語・外国文学編, 文化学編, 日本語日本文学編, 39, 151–168.

真田信治 (1996). 地域語の生態シリーズ 地域語のダイナミズム 関西篇. おうふう.

真田信治 (2000). 脱・標準語の時代. 小学館.

真田信治 (2001). 関西・ことばの動態. 大阪大学出版会.

柴田武 (1958). 日本の方言. 岩波新書.

塩田雄大 (1999). 東京発のテレビ番組の中の方言. 日本語学, 18(13), 129–138.

塩田雄大 (2002a). "この報告は、多くの方々が読んでいただきたいです". 放送研究と調査, 72(1), 56–77.

塩田雄大 (2002b). ふだん "寝れない" と言う人が7割. 放送研究と調査, 72(2), 30–47.

塩田雄大 (2012). 現代人の言語行動における"配慮表現". 放送研究と調査, 62(7), 66–83.

塩田雄大 (2013). 「標準語」は規定されているのか. 日本語学, 32(6), 4–24.

塩田雄大 (2018a). 日本語と「標準語・共通語」. 日本語学, 37(5), 6–22.

塩田雄大 (2018b). "すべき" の問題をどうするべきか. 放送研究と調査, 68(12), 46–60.

塩田雄大 (2022a). "この報告は、多くの方々が読んでいただきたいです". 放送研究と調査, 72(1), 56–77.

塩田雄大 (2022b). ふだん "寝れない" と言う人が7割. 放送研究と調査, 72(2), 30–47.

塩田雄大・東美奈子 (2017). 鼻濁音の位置づけと現況. 放送研究と調査, 67(4), 60–72.

塩田雄大・山下洋子 (2017). 「高齢者」は、72歳7か月からである". 放送研究と調査, 67(12), 60–72.

Smakman, Dick (2012). The definition of the standard language: A survey in seven countries. *International Journal of the Sociology of Language*, 218, 25–58. De Gruyter Mouton.

田中ゆかり (2011). 「方言コスプレ」の時代. 岩波書店.

田中ゆかり・林直樹・前田忠彦・相澤正夫 (2016). 1万人調査からみた最新の方言・共通語意識. 国立国語研究所論集, 11, 117–145.

吉岡泰夫 (2005). コミュニケーション意識と敬語行動にみるポライトネスの変化―関西方言の広がりとコミュニケーションの行方―. 和泉書院.

■ 推薦図書

井上史雄・木部暢子 (編著)(2016). はじめて学ぶ方言学. ミネルヴァ書房.
　　方言学の最先端の研究結果が幅広く展開されている好著。

木部暢子・竹田晃子・田中ゆかり・日高水穂・三井はるみ (編著)(2013). 方言学入門. 三省堂.
　　方言学のさまざまなトピックが手際よく示されており、「入門」に最適。

小林隆・澤村美幸 (2014). ものの言いかた西東. 岩波書店.
　　方言学が今後解明すべき方向性を照らすスリリングな一冊。

1 「〇〇方言」と「〇〇弁」とでは、どのような違いがあるだろうか。まず自分の考えを記しておいた上で、ネット上にはどういう意見・見解があるかを検索し、比較してみよう。

2 下記の国立国語研究所『日本言語地図』地図画像 PDF 版ダウンロードのページを閲覧した上で、自分なりに興味深く感じた項目を（1 つ以上）選んで、記してみよう。https://mmsrv. ninjal.ac.jp/laj_map/

3 その項目（1 つ以上）について、ある地域の出身者がほんとうに『日本言語地図』と同じような言い方をするかどうか、調べてみよう。自分の知り合いの中から、いろいろな地域の出身者 5 名以上（「自分自身のことば」も含めてよい）に、直接会って、あるいは SNS やメール、Zoom などで尋ねてみて、その結果（『日本言語地図』と同様だったかどうか、どういう違いがあったのか、など）を記してみよう。

第 5 章

ことばの性差

山下早代子

この章のポイント

この章では、ことばに現れる性差について考える。女性と男性のことばづかいは違うと一般に言われているが、本当にそうなのか。両者を区別する特徴はあるのか、現代の人々の言語活動にもそれらは現れているのか、年齢などの影響はあるのか、ことばの性差は日本語独自の特徴なのか、差があるとすれば、それは自然発生的なものなのか外部的影響によるものなのか。本章ではそれらのことがらを取り上げて、ことばの性差を議論する。

— 1 —
ことばと性

1.1 女ことばと男ことば

　社会言語学の研究分野では、性の違いとそれに伴うことばの関係は、“ことばとジェンダー”“言語と性”などのテーマで取り上げられることが多い。そこでは、男女の社会的な役割とその話すことば(語彙、表現、使用法など)の関係が追及される。日本語においてのことばと性の関係は、日本語には女性が使う“女ことば”と、男性が使う“男ことば”があり、それが日本語を特徴づけている、という見方が代表的である。

　実際に次ページの図1の漫画『コボちゃん』の吹き出しにある会話を見てみよう。おとうさんの発話はいかにも男性らしく、おかあさんの発話はいか

図1　コボちゃん
読売新聞 2021 年 4 月 22 日朝刊
© 植田まさし

にも女性らしくはないだろうか。もしここで話者を入れ替えたら（おかあさんが言ったことばとおとうさんが言ったことばが入れ替わったら）、違和感のある会話になるだろう。しかし、そもそもなぜ違和感が生じるのだろうか。

　ここで考えてみたい。もしこのおかあさんとおとうさんが 20 代の若いカップルだったら、あるいは 10 歳の女の子と男の子だったらこのように言うだろうか。この漫画では、おとうさんは眉を吊り上げ、その発話は威張っていて、影響力を持ち、相手を封じ込めるような響きがないだろうか。それに対して、おかあさんの発話は、柔らかい感じがし、断定的ではない。何がそのような印象を与えるのだろう。おとうさんの「くだらん」「見たらどうだ」に対して、おかあさんの「あら、〜のよ」「〜じゃない？」というソフトな提案も含めて、ここにはいわゆる女ことばと男ことばの非対称性（Lakoff 1973）が凝縮されている。この漫画に描かれた高齢の夫婦は、意識的にそのようなスタイルを選択して話していると想定されているのか、それともこの漫画の描き手（男性）が、この年齢の男女はこのように話すべきだ、あるいは話すはずだ、と考えてセリフをこのように決めたのだろうか。男女のことばの違いは初めから存在していたのだろうか。

　本章では性差によることばの違いに関するこれらの問いに応えるため、今までの研究成果を海外の研究も含めて概観し、性差によることばづかいの違

いがどのようなものを指し、どうして存在するのか、そしてそれは今後変化していくのか、変化するとしたらどのように変化していくのかを考える。

1.2　ことばの性差：女性が使うことばを中心に

　日本における性差のあることばは、古くは国語学分野で女に特有の女房詞（語頭に「お」をつける："おかず"や"お腹"など）や遊里ことば（"あります"を"ありんす"というなど）が、文献や資料を使って取り上げられた。その後も性差によることばは、もっぱら女性が使うことばと関連させて議論されてきた。これに対して、男性が使うことばについての言説はほとんどみかけない。

　1970 年代には寿岳（1979）が『日本語と女』を著し、女らしさと日本語について様々な視点からその特徴や構造を分析した。取り上げたテーマは以下のように多岐にわたる。一般向け週刊誌と女性向け週刊誌に使われることばの違い、人称と終助詞の使い分け、女流作家の書くものにはセリフが多すぎるという、ある男性俳優のネガティブな発言の意味、口語の対立（「おれ、腹減ったなあ、何かうまいものくいたいな」に対する「あたし、おなかすいちゃった。何かおいしいものたべたいわ」）、高校生ぐらいの若い女性が人称詞「あたし」を使わず「ぼく」と言い、「このやろー、てめえ、ばかやろー、うるせーな」などと発言していたという現象、夫が妻のことを「お前」と呼ぶこと、終助詞、敬語、歌に現れる男女のことばや行動、女につきまとうレッテル、敬語が女の使うことばと関係づけて議論されるなど。それぞれのテーマは多くの研究者が性差のあることばのテーマとして発展させるきっかけとなった。

　井出（1997）の『女性語の世界』や遠藤編（2001）の『女とことば』では女性のことば研究の広がりと深まりを概観し、日本女性の言語環境についてマスコミの対応やテレビゲーム、漫画、辞書や学校で扱う女とことばについて広い範囲で議論している。

　井出監修（1998）の『「ことば」に見る女性』は昔から今日まで女性に関して使われてきた言葉や文字、文脈の中にある女性への偏見や差別を細かく取り上げ、それらが今、我々が使うことばにどんな影響を与えてきたかを問

題提起した。

　このように日本ではことばにおける性差は女ことばを中心に長く議論され
てきており、「女のことばと男のことばは違う」、という一言ではまとめられ
ない要素を含む。

1.3　ことばの性差：欧米ではどう扱われてきたか

　欧米言語でも性差のあることばに関して多くの研究、議論が行われてお
り、「女ことばと男ことばがあるのは日本語の特徴である」とするのは必ず
しも当たらないことがわかる。

　欧米では1970年代にレイコフが英語におけることばの男女差に注目し、
女性学的な観点から性差のあることばを取り上げ、女性が使うことばに関し
て多くの特徴を指摘した。例として、女性には使えない、使うべきでないと
される表現や語彙（例えば "shit!"）や、逆に女性のみに期待される表現（"Oh,
dear!" "lovely!" など）、あるいは女性が語尾上げイントネーションで自信の
なさを表したり、付加疑問形（tag question: 例 "It is interesting, isn't it?"）を
多用して相手に対して強く合意や信念を迫らないなどをあげている。図1
の漫画のおかあさんの語尾「大いに笑うべきじゃない？」が付加疑問形の例
で、英語だけでなく日本語でも英語と同様にこのような形が女性によって使
われていることがわかる。レイコフは初めてジェンダーの視点から英語にも
性差によることばづかいの相違があることを示した。また社会における男女
の地位の差がことばの差異を生んだのであり、これを正すのは"社会の変化"
であって、決して逆の"ことばの変化が社会を変える"のではないと強調し
た（第2、3章参照）。

　タネン(1992)は「男と女は会話のスタイルが違う、だからわかりあえない」
というショッキングなテーマで、「男女の会話は異文化コミュニケーションで
あり意見のすれ違いには理由がある」とし、「聞き役はいつも女で、語るのは
いつも男か」という問題提起や、「社会は男がやればよしとされることが、女
がやるとノーになる」など、その不公平な違いを並べてみせた。そして、な
ぜそうなのかの理由として「子供時代からの毎日の生活の積み重ねが起因し
ている」と説明している。他にジェンダーと談話や社会文化的要因からくる

男女のことばの丁寧さの度合いの違い、ジェンダーとことばの関係を議論した著などがある。

— 2 —
実際のことばの中に見る性差

2.1　終助詞

　日本語に性差があるとしたら、その実態はどのようなものか。これを測るのに最も多く使われたのが終助詞（か、かしら、わ、な、なのよ、ね、よ、など）で、これまで多くの研究が行われた。終助詞は発言者が男か女か一目でわかり、現象としてとらえやすい。冒頭の漫画でもおかあさんが「〜高めるのよ」、おとうさんが「そうか」と使っている。

　辞書でもこれらの助詞の説明に「女性語」「男性語」あるいは「主に女性が使用」「主に男性が使用」と記されているものが多い。終助詞の調査では、質問紙（自己申告）や会話分析が使われ、想定される表現の使用頻度や割合をもとに記述統計的に考察されている。

　小川（2006）は辞書記載で男女差のあるとされる終助詞を取り上げ、実生活でそのとおり使用されているかを、会話データを使って調査した。その結果、辞書で女性度が高いと記述されている「わ、かしら、てよ、て、こと」が実際には大学生にはほとんど使用されていないことを明らかにした。職場における社会人の自然談話資料をもとにした調査でも同様の結果が出ている。これらを見ると、男女の役割区分を取り立てて強調しない現代の社会的傾向がわかる。

2.2　人称代名詞

　人を表すことばである人称代名詞も性差が比較的はっきり表れる。話し手自身を表す自称（1人称）に分類される「わたし」「おれ」「ぼく」、聞き手を表す他称（2人称）に分類される「あなた」「おまえ」「きみ」などがこれにあたる。日本語のカジュアルな話し方で、待遇性や対話者の社会的属性などともからんで、話し手と聞き手の性差が語彙的に顕著に見られるので、人称代名詞も実態調査によく使われる。

2.3 会話のやりとり

　最近の傾向としては、会話のやりとりそのものの中に性差を見る研究が多くなってきた。男女の会話の談話分析や語用論的分析を通して性差とことばづかいの関連性を明らかにすることを試みる。会話の中で、割り込みや話題転換、停滞や発話権の保持はどのようにしておこるか、主体となるのは男性に多いのか女性に多いのか、また発話行為から見た丁寧さの性差を論じたものもある。発話行動を観察し、会話の性差による非対称や会話行動と認知的な制御がその場の状況によっていることを明らかにした研究もある。ことばをより多角的に、総合的にとらえようという試みがなされており、この傾向は今後増えていくものと考えられる。

ー 3 ー
性差のあることばの背景にあるもの

3.1 フェミニズムと性差のあることば

　れいのるず（1993）は、フェミニズムと女性語を取り上げ、言語と性差の研究の現在と将来の予測、フェミニズムと言語研究の動向などを紹介した。その後、そもそも女ことばとは何か、という問題がジェンダーの視点から活発に議論されるようになり、『日本語とジェンダー』（日本語ジェンダー学会編 2006）にはジェンダーと女ことばの関係を考察した論考が多く集められている。ジェンダーとポライトネスの関係を取り上げ、女性は本当に男性よりポライトなのかと問いかける論、談話ストラテジーとして、テレビドラマと実社会における女性詞使用のずれを扱った論の他、ジェンダーとことば研究の多様なアプローチ、例えばコミュニケーションの仕方、語り手のコメントから見るコミュニケーション論、語彙使用、あるいは女性の漢語使用の規制などが集められている。

　新しい時代の日本語における女性語研究の発展はアメリカで起こったウーマンリブ（女性解放運動）の意識革命と、続くフェミニズムという新しい考え方が日本にも波及した結果であると考えることができる。

3.2 イデオロギーと性差のあることば

中村 (2007, 2012) はことばとアイデンティティ、セクシュアリティ、ジェンダー問題に加え、イデオロギーの関係、女ことばと男ことばの非対称性について論じている。女ことばを議論するときには、本質主義・進化論的アプローチと、構築主義・イデオロギー的アプローチの二つがあるとする。前者は「女ことば」は女が実際に使ってきたことばづかいから自然に成立したとする考え方で、そこからの逸脱は "乱れである" として、認めず、批判する。後者はその考え方の矛盾を突くもので、ジェンダーは言語行為の「結果」であり、女だから、男だから特定の言語行為を行うのではなく、発話した行為によって能動的にアイデンティティを作るのであるという理論を展開する。

鎌倉・室町時代の女訓書（女性のための戒めや教訓を書いたもの）に書かれた内容──女はことばづかいをあいまいにして感情を表さないのがよい、軽率にものを言わない、口を大きく開けず低い小さい声で話すのがよい、乱暴な口のきき方をしてはいけない、など──や、それと同列の江戸時代の女訓書を読むと、規範としての女のことばづかいがどのようにして形作られていったかを考察することができる。そしてこれがイデオロギー管理され、支配される女とことばの関係になったことがわかる。女性が一方的にことばづかいの規制を受けてきたことは "男訓書" というものが存在しないことからも明らかである。

中村 (2007) は、「言語イデオロギー」を「個々の社会が "ことば" に関して持っている "良い、悪い" "正しい、間違っている" "優れている、劣っている" といった価値観を伴った概念の体系を指す」と定義し、女ことばの成立を言語イデオロギーの視点から説明する。女ことばについての、「あの人は女らしいことばを話す」、とか「女のくせにあんなことばを使う」といった価値評価は、女ことばについての言語イデオロギーとなる。図 1 の漫画のおかあさんのセリフが漫画に書いてあるとおりなら「おかあさんは女らしいことばを話すね」として受け入れられるのに対し、もしおかあさんがおとうさんのセリフを言ったなら、あるいは逆におとうさんがおかあさんのセリフを言ったなら、「女のくせに／男のくせにあんなことばを使う」と非難されることになるだろう。これが言語イデオロギーによる評価である。

また明治期の「女学生ことば」の誕生についても、言語イデオロギーの視点から考察することができる。明治初期にはごく一部ではあるが女子も男子に混ざって中学に進学し、男の袴をはき、書生言葉（男子学生の使うことば）を話し、教育を受けた。当時の女学生が男性のような話し方をしていたことも記録されている。「君」づけの呼びかけ、人称詞として「ぼく」（自分）を使う、文末には普通体（来るよ）、終助詞（あるぜ）などを使っていたことが当時の雑誌『女学雑誌』上の会話の記録に見られる。

　しかし、1879（明治12）年に男女別学が制度化され、ことばや服装も規制を受けるようになった。ことばや服装の規制に反発した女学生がその頃は身分の低い人たちが使い下品なことばとされていた「てよ、だわ、のよ」などの文末詞をわざと使うようになった（第6章参照）。これは女学生自身が創造的に自分を表現しようとしたことばづかいだったのではないかとされる。この文末詞は明治の作家たちには"堕落した女学生"の表象として描かれたり、識者により厳しく批判されたが、その後年月を経て、セクシュアリティ化を伴った、我々の見聞きする女らしいとされる「女ことば」へと変化していったのである。現代の女子学生も自分のことを「ぼく」と呼ぶ例が昨今目につくようになったが、その理由や反応については遠藤編（2001）に詳しい。

　「女ことば」というものが、従来の一般論「女ことばは女が使ってきたことばづかいで、男女が異なることばづかいをするために、自然に成立したとする考え方」に対し、そうではなく「女ことばは時代や社会が作り出した抽象的な規範である」、ということが、明治期の女学生ことばの成立を分析することなどにより、明らかになった。

― 4 ―
データで見ることばの性差

　現代日本語で性差が薄れつつあることは、様々な面から指摘されており、実証的な研究も多い。社会的背景についての言及もある。ことばの研究は、古くは文献による調査、そして時代を追うごとに対象者を限定した会話データの分析や、アンケート調査などが行われてきた。現在は多様なメディアを通してことばが氾濫している。その中でどのようなデータを用いて性差のあ

ることばの研究が続いているのかを、以下で個別の研究を取り上げながら見
ていく。

4.1 文学に現れることばの性差

　古い時代の物語である『源氏物語』の「帚木<ruby>ははきぎ</ruby>」で語られる"雨夜の品定め"
ではどのような女性が理想的か、ということが光源氏ら 4 人の男性の間で話
される。その中でことばづかいについては、女は遠慮深く出しゃばらないの
がよい、漢字をよく書き、多く使う女は女らしくない、よく知っていることも
知らないふりをし、言いたいことの十のうち一つ二つは言わずにおくような
女がよい、と述べており、4.2 のマナー本に現れる言語規範のようである。

　一方、明治 30 年代に発表された小説を分析した研究では、登場する男女
の会話文の文末形式の出現頻度が調査された。その結果、女性性の強い形
式として「こと」「のね」「のよ」「わね」、男性性の強い形式として「かな」
「だな」「な」があげられ、その度合いの差は使用する場面と相手によって使
い分けられていることがわかった。

　明治 30 年代は言文一致運動があり、明治政府が口語文典、国定教科書の
編集、標準語教育の促進、そして「良妻賢母」を育成するための女子教育を
盛んに行った時期である。当時の小説の会話文にも新しいジェンダー規範が
反映されており、そのため登場人物のセリフの文末表現にも性差がはっきり
と描写された。近代女性のステレオタイプ的な女性ことばの使用が、この時
期から始まったと推測される。

　戦後 (1946–2005) に書かれた日本人作家の小説に見られる女ことばと男
ことばの差異と変遷では、人称詞、文末終助詞、感動詞(まあ、あら、ほう)
などの使用で、女性のことばが現代に近づくにつれ硬い表現から砕けた表現
になった。現代小説に現れる男女のことばは、性差がはっきり見られる表現
と、逆にほとんど見られない表現とに、二極化している。

4.2 マナー本に現れる言語規範とその変化

　戦後に出版されたマナー本 (女性を対象にした言語行動規範の本) は、室
町、江戸期の「女訓書」と同列にある。そこに見られる女性のことばづか

いの言語規範としては、「美しいことばづかい、女性として適切とされる語彙選択、ことばの男女差、敬語使用や会話の役割」などの項目が挙げられる。このうち時代を通して変化しない規範は「女性は美しいことばを使用すべき」と「語彙を適切に選び使用すべき」の2点である。変化した規範として、1990年代からは、「女性がかつて使用すべきでないとされた丁寧度の低い形式も使用してよい」となり、「女性は男性に対して敬語を使うべきだ」としていた規範がなくなり、会話の役割として、女性が会話を管理（リード）し、進行させるための規範を示すなど、女性の社会進出とともに、「女性はこのような話し方をするべし」といった言語規範が緩んできている。2000年以前は女性文末詞（わ、かしら、など）を「使うべき」としていたものが、それ以降は「べき」といった強い表現は姿を消し、女性が使用する形式が多様化した。このように性差のあることばは、規範の変化と共に変わっていく。

4.3　新聞記事データベースに見られる性差のあることばの扱い

　女ことば・男ことばとそれに関連するキーワードにより、戦後の新聞記事を10年ごとに考察した研究では、言及対象の性別については圧倒的に女ことばに関するものが多く、その内容は、話し方の"変化"の指摘、話し方に対する非難、性差や特徴の指摘と解説、規範の提示、規範の批判等であった。

　"変化"の指摘については、記事の半分以上は、「最近、女性のことばづかいが男性化・中性化した／乱暴になった」という内容で、1950年代から平均してその関連記事が見られたが、80年代には突出して多かった。この"変化"の要因や背景として各年代共通して「男女平等・男女同権の社会」（それにより女ことばが男性化した）が挙げられているが、50・60年代はこれに「新憲法」「戦後の自由」「民主主義」が加わり、「男女共学の影響」が強調されている。70年代以降「ウーマンリブ」「国際婦人年（75年）」についての言及があり、80・90年代は「男女雇用機会均等法による女性の社会進出」「情報化社会」が背景説明のキーワードとなった。

　新聞記事の特徴として、読者が女性の話し方そのものにコメントしているのも興味深い。例えば1952年の記事には変化を好意的に見る「近頃の若いご婦人は人中に出てもはにかんでばかりではなく、てきぱきと対応する人が

多くなった」が掲載されている。

　しかし、このような女性の話しことばに対するコメントや批判は、遠く平安時代から見られ、「女性は女性らしく話すもの」という尺度に沿わない話し方は、いつの時代も批判の対象とされ続けてきた。

4.4　国語教科書の中で使われる性差のあることば

　性によることばの使い分けの規範が、義務教育の「国語」教科の中で無意識に取り込まれているのではないかと、想定した研究もある。小学一年生対象の国語教科書を調査対象資料とし、役割分担のわかる人称詞（わたし－ぼく）と文末形式「わ」の使用と「だ」の不使用の 2 つを取り上げて分析した。その結果、すべての教科書が性別のわかる会話文を「わたし」と「ぼく」の対比で提示していることがわかった。

　　例：「わたし、たねをみつけたの。ぼく、どんぐりをひろったよ。いいも
　　　　のをみつけたわね。かあさんりすがいいました。」　　（村田 2008: 54）

　また、女性専用とされる文末詞の断定の「の」は性差が明確な自称詞と共起し、対比の中で、女児の「わたし」が「の」を使い、男児の「ぼく」が「よ」を使っている。男女のことばの違いが教育を通して取り込まれていることがわかる。これはまた、1.3 でタネンが述べた、ことばの男女差は「子供時代からの毎日の生活の積み重ねが起因している」という英語の例とも共通する。

4.5　辞書や辞典に現れるジェンダー

　辞書ソフトや辞書アプリの急速な利用増大に関連して、それらの辞書にジェンダーに関わる表現が見られるのではないかと考え、iPhone 搭載の英語辞書のオンライン版の検索機能を利用し、分析した研究がある。それによると、「彼」が「彼女」の 3 倍以上多く使用され、また辞書の例文では社会的地位の高いとされる職業（医師、教授、政治家など）は、ほとんどが男性として描かれる一方、家事や育児は女性の役割として描かれる場合が多かった。

　これは、辞書等に使われる言語が現実や社会を描写するだけでなく、その形成や変容に深く関わっており、辞書に見られるジェンダーの偏りは、旧来

のジェンダー観をさらに固定化（ジェンダーバイアスやステレオタイプ化）し、学習者のジェンダー意識の形成に影響しうることを示す。このほか女性ジェンダー標示形式（感嘆詞の「あら」「まあ」や「〜かしら」）についても、現実社会で消えつつあると先行研究では指摘されている標識が、多用されていることもわかった。一方で、旧来のジェンダー観や固定的役割分担意識に対してクリティカルな視点からの用例も、わずかに示されている。例えば、「夫よりも妻の方が家事の負担が大きいという事実に変わりはない」などである。

　若い学習者が頻繁に利用するということを考えれば、辞書編纂者や英語教員はジェンダーに関する固定観念が内包されている用例があることを認識し、それに注意を払うべきであろう。英語辞書だけでなく、国語辞典にもことば上の「女性差別」は現れる。これに関しては、ことばと女を考える会編（1985）に詳しい。

4.6　翻訳と女性ことば

　翻訳された作品の中で、女性登場人物のセリフに過剰に女ことばが使用される傾向があり、これは日本社会が考える「理想的な女らしさ」に影響されているからだと考えられる。翻訳テクストをイデオロギー的な意味合いを持つ変換であると考え、翻訳者の性別が翻訳テクストの女性登場人物のことばづかいに影響を及ぼすのではないかと推測し、文末詞使用に焦点をあてた分析がある。結果は男性翻訳者の方が女性翻訳者に比べて、より女性らしいとされる表現を多用していた。翻訳者の性別だけでなく、年齢も関係している（高齢の男性翻訳者ほど女ことばの使用が多い）。翻訳の書籍は数多く出版され、そのテクストには女性ことばの社会通念やイデオロギーが反映されている可能性が高い。

　中村（2013）は、海外の小説、映画、漫画の翻訳、海外関連の記事に登場する女性の翻訳ことばなど、さまざまなジャンルを取り上げている。ハリー・ポッターに登場する10代前半の女の子ハーマイオニーが「〜なのよ」「〜かしら」などの女ことばを全編使い続ける不自然さなど、多数の用例を示しながら、翻訳された外国人女性の日本語が日本女性のそれよりも"女らしい"こと、翻訳でしか使われない男ことばもあるということ、そし

て日本語のさまざまなことばづかいの変化が翻訳によって促される側面があることを指摘している。

4.7　少女漫画に現れる女ことば

漫画はほぼ話しことばのみで構成されているため、ことばの抽出が容易である。少女漫画には主人公の中高生の話しことばの特徴が反映されると想定し、1970, 80, 90 年代の漫画を選び、吹き出し中で使われる女ことば的とされる終助詞 9 種の使われ方と使用頻度を調査した研究を見る。結果は、9 種の終助詞中、6 種（わ、だわ、よ、ね、のね、かしら）で、使用頻度の多い順に 70 > 80 > 90 年代となった。90 年代の漫画では世代を反映してか女ことばがほとんど使われていなかった。

一冊に同時代の作品が複数掲載されている漫画誌を選び、主要女性登場人物の会話や心理描写から女性的表現とされる文末表現と中性的表現とされるものを抽出し分析した研究もある。結果は、60, 70 年代の漫画では女性登場人物が規範通りの女性語を話しているのに対し、近年の作品では女性登場人物が必ずしも女ことばを使っているわけではなかった。

4.8　実際の会話とテレビドラマの比較

自然会話とテレビドラマに見られる会話の比較調査では、ドラマに登場する女性の“女性文末詞”の平均使用率が、実社会における自然会話での使用率を大きく上回る。また主張度の高い文脈や状況下（反論や非難、攻撃、抗議、自己主張、皮肉などの場面）で突然女性文末詞を使用する例も見られた。

テレビドラマと比較するために行ったロールプレイによっても、若い女性がドラマのようには文末詞を使わないことが確認された。それにもかかわらず、ドラマの手法として、脚本家自身が持つ女性像により若い女性のセリフが作られる。女性像はジェンダー意識に起因していると考えられる。

4.9　オンライン上に現れることば

ソーシャルメディアであるブログ上の書き込みを通して、役割語（ある特定の言葉づかいを聞くと特定の人物像を想起できるような言葉づかい（金水

2003))を調査し、ブロガーの描いた登場人物の解釈に役割語がどのように関係しているかを考察した研究では、現在は死語と化している女ことばである"お嬢様ことば"や"奥様ことば"がブログ上に現れていることを明らかにした。例えばシニア女性のブロガーの書いた「眼下に真っ青な海が広がる<u>ざます</u>」などである。

　ブログにおける役割語は、ソーシャルメディア実践において、多様なブロガーのアイデンティティ構築と解釈を可能にする言語資源となっている。死語と化したとされる女ことばが今までとは別の機能を持って役割語として利用されている。

4.10　音声対話エージェントの開発

　最近、機械による電話応答音声を聞くことが多くなった。これは、IT技術によって音声で対話するヒト型エージェント（対話者）が作られているからなのだが、その過程で、このエージェントに何らかの人物像を与えて人間らしく、親しみやすい存在にする試みがなされた。何人かの開発者が、性別、年齢、親密度という3つの指標を持ったことばを話せるエージェントを開発した。出来上がった女性キャラクターのことばの特徴を見ると、年齢が上がるにつれて、女性が使うとされる終助詞「わ」の使用が多くなったということである。開発者が、女性らしさを表す役割語としての「わ」を誇張して人為的に割り振ったことが原因と思われる。このように、実生活での現状がどうかに関わらず、ステレオタイプ的に女性のことばが作られるケースがある。

— 5 —
まとめ　性差のあることばのこれから

　以上見てきたように、性差のあることばはこれまで様々な視点から考察が行われてきたが、日本語には女ことばと男ことばの区別があるという通説を根拠に、性差のわかりやすい文末表現と呼称を研究対象にしたものが多かった。それらの結果を受けての現在を総括すると、文末表現も呼称も、現代の若い世代には実際にはほとんど使われないか、区別がなくなりつつある。では日本語においてことばづかいの性差はなくなったのだろうか。これからの

ことばはどこへいくのか。4 点を挙げてまとめとしたい。

5.1　日英語のジェンダー

　最初に、レイコフ (Lakoff 1973) の指摘を考えたい。男女のことばの差はないと言われていた英語にもはっきりとした性差があること、その差は、使う語彙、表現、用法であったり、コミュニケーションの仕方（女性による断定表現の回避、語尾上がりのイントネーションや付加疑問形を使ってわざと心もとない感じを出す）などに現れているとジェンダーの視点を取り入れて説明した。

　ひるがえって考えると、日本語のことばの性差にはまだまだ研究の余地がたくさんあるように思われる。例えば、談話の展開の仕方（割り込みや話題転換、意見を言う、同意するときなど）に女性あるいは男性に特有の言い方、あるいは方略はあるのか。ことばのポライトネスはどう測り、それが女と男のことばにどう関係するのか。語用論的な視点を取り入れた分析はどう行えばよいか。男女が混在したときの話し方と女だけで話すときは違うのか、あるいは子供はことばとジェンダーの関係をどのように認識し、習得していくのか、なども、これまで日本語のことばの性差を論じるテーマとしては余り取り上げられてこなかった。今後の研究課題として考えられる。

5.2　死語と化した女ことば

　2 番目に、語彙レベルの死語と化した女ことば（文末詞や呼称）が、上記で見たように、「役割語」としてテレビや新聞、映画、漫画、あるいはバーチャルな場で頻繁に聞かれることがある。さらには、女ことばの変形ともいえる、ホモセクシュアルの男性が使うとされる「おネエことば」（マリィ 2013）など、実際に言語生活の中で使われなくなっても人工的な、作者または書き手の規範意識の中で作られ続けている現実がある。使い続けられる意味は何なのだろう。このような問いかけも研究対象となるだろう。

5.3　テクノロジーの進歩

　3 番目に、テクノロジーの進歩がある。4.10 で取り上げたように、架空の人物（キャラクター）にヒト的な特徴を強調し、年齢や性別相応の文末詞を

加え、ビジネスに伴う対話型エージェントを作り出す。このような開発に、自然の談話に近いことばの研究は欠かせなくなるだろう。

　テクノロジーは他の面でもメリットがある。言語検索ツールとしての強みである。すでにコーパスを使った様々な研究が行われている。何万という単語、表現、あるいは文章を特定の研究対象に合わせて瞬く間に探し結果を出す。例えば国立国語研究所には「日本語話し言葉コーパス（Corpus of Spontaneous Japanese: CSJ）」「近代語のコーパス」「KOTONOHA」「発話対照データベース」「近代女性雑誌コーパス」などがあり、性差のあることばを含め、現代のことばの実態を文字列検索、品詞検索、係り受け検索などによって詳細に研究できるような支援が行われている。これらのツールを使って、幅広く性差とことばの研究がこれからも行われていくことが望ましい。

5.4　性差の非対称性

　4番目として、性差のあることば（女ことば、男ことば）の非対称性について考えることの重要性を指摘したい。「男性優位の社会で生まれた差別のあることばを何の疑問もなく使い続ければ、その持つ意味にしばられ、使う人の意識が形成されていき、これからの社会の風土にまで刷り込まれていく」という論がある。すでに若い層が使わなくなり、死滅した女ことば的表現があることが、明らかになっている。

　一方、ことばの使い方の非対称性としては 2021 年 2 月に発言された、高齢のある政治家の「女性がたくさん入っている理事会は時間がかかる（女は発言がだらだらと長いので）」という、根拠のない差別的発言は、社会的反発を受け、その発言を撤回することになった。この事例などは日本の社会がまだまだことばの使用に関して差別的な発想があることの現れであろう。

　多くの事例や研究から、日本語にあることばの性差は、それを取り囲む状況がそうしているのであって、けっしてそれが日本語の特徴であると一言では言えないことが、明らかである。最後に、海外の著名な社会言語学者 2 人のコメントを紹介してこの章を閉じたい。

5.5　社会言語学の中の性差

　カリブやアメリカ先住民に見られる男女の言語の相違は、20 世紀初頭か
ら知られていた。トラッドギルは、『言語と社会』(1975) の中で、人類学的
研究手法の観点から、英語に見られる男女のことばづかいの丁寧度や文法表
現、発音の違いについて言及し、まとめとして、「言語の性差は社会的現象
と社会の姿勢 (態度) に大きく影響される。社会が変われば、言葉の性差は
変化する、あるいはなくなるだろう」と述べた。

　スポルスキー (Spolsky) は Sociolinguistics (1998) の中の章「スタイル、ジェ
ンダー、社会階層—言語とジェンダー—」で、以下のように強調している。
「性によることばの差は、ステレオタイプや偏見と関係があり、また教育の
機会も影響している。女性を差別的に扱う表現は社会の"気づき"によって
変えていくことができる。女性差別は、往々にして男が女より重要である
とする言説を伴うので、偏見につながり、それが伝達され強調されていく。
従って出版社や雑誌者はガイドラインの利用等を通してジェンダーにおける
ステレオタイプ、言語使用の性差別をなくしていくよう努力していかなけれ
ばならない」と。

　日本語の性差は、日本社会の動きの中に置いて考えていくことが必要だろう。

■参考文献 ─────────────────────────────────

遠藤織江 (編) (2001). 女とことば─女は変わったか 日本語は変わったか─. 明石書店.
現代日本語研究会 (編) (2011). 合本女性のことば・男性のことば (職場編). ひつじ書房.
井出祥子 (1997). 女性語の世界. 明治書院, 1–14.
井出祥子 (監修) (1998).「ことば」に見る女性─ちょっと待って、その「ことば」─. クレヨンハ
　　ウス.
寿岳章子 (1979). 日本語と女. 岩波新書.
金水敏 (2003). ヴァーチャル日本語 役割語の謎. 岩波書店.
小林千草 (2007). 女ことばはどこへ消えたか？. 光文社新書.
ことばと女を考える会 (編) (1985). 国語辞典のなかの女性差別. 三一書房.
Lakoff, R (1973). Language and woman's place. *Language in Society*, 2 (1), 45–80.
マリィ・クレア (2013).「おネエことば」論. 青土社.
村田年 (2008). 国語教科書の中の「女ことば」─小学 1 年生用教科書 (上巻) を資料として─. 日

本語と日本語教育, 46, 45–71.

中村桃子 (2007). 〈性〉と日本語—ことばがつくる女と男—. 日本放送出版協会.

中村桃子 (2012). 女ことばと日本語. 岩波新書.

中村桃子 (2013). 翻訳がつくる日本語—ヒロインは「女ことば」を話し続ける—. 白澤社.

日本語ジェンダー学会 (編) 佐々木瑞枝 (監修)(2006). 日本語とジェンダー. ひつじ書房.

小川早百合 (2006). 話しことばの終助詞の男女差の実際と意識—日本語教育での活用に向けて—.
　　日本語ジェンダー学会 (編) 佐々木瑞枝 (監修) 日本語とジェンダー, pp. 39–51. ひつじ書房.

れいのるず秋葉かつえ (1993). おんなと日本語. 有信堂.

Spolsky, B. (1998). *Sociolinguistics*. Oxford: Oxford University Press.

タネン, デボラ (著) 田丸美寿々 (訳)(1992). わかりあえない理由. 講談社.

トラッドギル, ピーター (著) 土田滋 (訳)(1975). 言語と社会. 岩波新書.

山下早代子 (2019). 女性ことば研究の今—その傾向と動向—. 実践女子大学下田歌子記念女性総合
　　研究所年報, 5, 15–33.

■ 推薦図書

小林千草 (2007). 女ことばはどこへ消えたか？. 光文社新書.
　　過去の小説（江戸、明治、昭和期）の中に使われた女ことばを詳細に分析し、現代につながる言語実態を読み解いた。

中村桃子 (2007). 〈性〉と日本語—ことばがつくる女と男—. 日本放送出版協会.
　　一見自然発生的に生じたように見える異なる性のことばづかいが、実は性についての規範と結びついて生じたことを示し、ことばとアイデンティティの関わりに切り込んだ。

現代日本語研究会 (編)(2011). 合本女性のことば・男性のことば（職場編）. ひつじ書房.
　　女性男性それぞれに、職場でのフォーマルな場面とインフォーマルな場面での自然談話を録音し、文字起こしを経てデータ化した調査資料をもとに、10 名以上の研究者がそれぞれのテーマで分析した。付属 CD-ROM 付。

調査の課題

1 興味のある漫画、あるいは小説を選び、そこに描かれる性差のある表現を抜き出して分析しよう。

2 スマートフォン等の録音機能を使ってグループの会話（例：友人同士、サークルの集まり、改まった会議など）を録音または録画し、性差のあることばづかいがあれば書き出し（文字起こしをし）、分析しよう。

3 4 節で紹介されたデータ収集方法を参考に、あなたが興味を

持ったテーマについてデータを集めて性差のあることばを調査
しよう。

第 6 章

集団語

井上史雄・田邊和子

この章のポイント

この章では、社会集団とことばの関係を扱う。集団語の性格、成り立ち、拡大・維持・衰退の過程を歴史的に位置づけ、集団語が形成される要因や、帰属意識との関係を扱う。社会集団によってことばが違い、一個人が場面によって使い分けることもある。本章前半では日本語の小集団に関する研究を紹介し（1〜3節）、後半では西欧の社会言語学の関心が小集団に向かいつつあること（4節）、インターネットの普及でメディアに依存した集団語が発生していること（5節）を論じる。

— 1 —
集団語の基本性格

1.1　社会集団とことば

　この章では、社会集団とことばの関係について扱う。一個人はいくつかの社会集団に属しており、所属集団にふさわしいことばを使う。集団語の使われ方は、規則の厳しいものからゆるやかなものまで連続体をなす。まず、社会集団の成員には帰属意識の強弱の違いがあり、集団語の使い方にも反映される。次に、集団語は成員に広がるとともに、他の社会集団にも広がることがあり、マスコミなどを通じて一般語化することもある。この章では理解の便のため、一般語化した（よく知られた）例をあげるが、記述内容の性質上、現在の若者に縁遠くなった語例も扱う。ことばの使い方により、話し手がど

んな社会集団に属しているかが分かる。ことばが文化のインデックスとして働き、第2章の言語相対論（サピアウォーフ理論）が当てはまる。

1.2　集団語の特色：言語習得と集団語

　地域社会の話し手のことばは、性差以外に社会階層差を反映し、年齢によるゆるやかな集団のことばも反映する。さらに個人は、各種の社会集団に所属し、例えばP市民であるとともに、Q大学R学科、Sサークル、T高校同窓会に属する。アルバイト先Uの従業員でもありうる。これらの集団はことばに影響する。一時点で共時的に複数集団に属するのみでなく、通時的にも多様な集団への所属を経る（3節）。社会集団には「国民」さらには「地球市民」のように規模の大きいものから「家族」のような小さなものまである。帰属意識が明言されることもあれば、無意識のこともある。

　「集団語」は「特定の機能的社会集団（血縁的・地縁的ではない）に特有な、あるいは特徴的な仲間内の通用語」と定義される（米川2009）。集団語の多くは単語で、主に思春期以降に、基礎的言語習得終了後に身に付く。国民全体での使用頻度数が大きくないために、基礎語彙表や、教育用の語彙に現れない。学習者向けの教科書に載らず、学習の基礎段階には登場しない。しかし個人の使用頻度数を見ると、現地・現場での学習や労働や生活には必要で、外国人留学生は、基礎語彙と集団語の両方、つまり通用範囲からいうと両極端を習得する必要がある。

1.3　集団語と俗語

　集団語は俗語・職業語・若者語などと連続的で、理論的にも個々の実例についても、区別をつけにくく、境界を定めにくい。米川（2000, 2009）は、俗語的でインフォーマルな通用語を職業語・職場語として集団語に含め、フォーマルな専門語・術語は集団語から除いた。ボトムアップで、膨大な実例収集に基づいた実践的分類である。

　俗語は、「話しことばの中で、公の場、改まった場などで使えない語」を言う（米川2021）。一般語さらに雅語や卑語・卑罵語・差別語などとともに、上下関係のスケールを形成する。俗語の一部、集団と結びつくことばが狭義

の集団語である。大勢の人の使う多数の単語の 2 次元の行列データがある
とすると、集団語は使用者の次元に着眼した社会言語学的な概念で、「俗語」
は単語の次元（文体・使用場面）に着眼した語彙論的な概念である。

　集団語は、隠語・流行語・若者ことば・業界用語など、語彙分類のレベル
からいうと多様なことばを含む。米川（2000, 2003, 2009）には、俗語に限定
して集団語の多数の実例が集めてある。もし俗語に限定せずに、各分野特有
の語を集めたら、その分野の概説書になり、全部集めたら百科事典並みの膨
大な記述になり、社会言語学的な集団語の研究から離れる。

　図 1 に集団語と俗語の関係を二つの四角で示した。右の四角、俗語は文
体の低い語を指し、職業語と隠語、スラングを含むが、集団語でない俗語も
ある。また文体的には雅語・一般語・俗語・卑語が上下の階層をなす。左の
四角、広義の集団語は、俗語と重なる部分に職業語と隠語、スラングを含
み、文法現象や文字まで含む。専門術語が職業語に隣接する。四角の外は非
集団語で、集団のメンバー以外にも通じる一般語である。

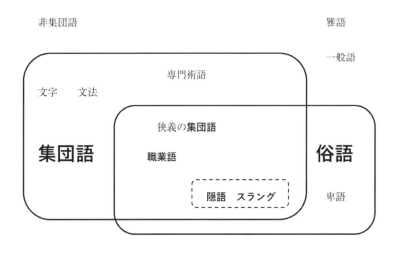

図 1　集団語と俗語

　この章では俗語的な職場語・業界用語（通用語）を職業語と呼ぶ。職業語
は国語辞典には載らず、学術的な専門用語辞典には、分かりきっているため

に、または取るに足りないと思われて載らないことばである。それ以外（専門用語・学術用語・術語など）を専門術語と呼び分ける。二つの円の重なる、集団語でも俗語でもある部分は、職業語、隠語、スラングを含めた狭義の各種集団語を含む。しかし実際の境界はあいまいで、人により意識が異なる。たとえば「過払い」「オープンジョー」「ぶらさがり」「滑舌」「クランケ」などは、隠語・スラングか、職業語か、俗語か、俗語でない広義の集団語か、さらに専門術語か、一般語かなど。

1.4 集団語の3分類：秘密と娯楽

集団語の分類は、柴田（1978）で隠語、スラング、職業語として提唱された。特徴的な例による理論的分類である。表1に示す。

A 隠語は、集団内部の成員だけに通じるような、秘密保持の機能を持つ。
Bb スラングは、娯楽機能を持つもので、ユーモア、面白さをかもしだす。
Bc 職業語は秘密保持の機能もなく、娯楽機能もない俗語である。俗語としての職業語のみが（狭義の）集団語に分類される。d専門術語と共通点があり、Ba専門語としてまとめられる。なお、柴田（1978）は隠語、スラング、職業語を扱い、専門術語を考察外にした。米川（2009）は俗語・集団語・若者語についての膨大なデータを元に、俗語としての職業語を集団語に入れ、一般語としての専門術語と区別する。

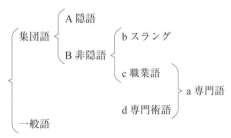

表1　集団語の3分類

この表の上から下に向けて文体が硬く、高くなり、使う社会集団の評価も

高くなる。個々の単語の文体も違い、上のものほど文章で使いにくい。集団
語についても、硬派と軟派の区別が可能である。

　以上が柴田の 3 分類の改訂版で、狭義の集団語を 3 分したことになる。
理論的なトップダウンの分類で、集団語辞典などの収録語を個々に隠語、ス
ラング、職業語に 3 分類することは困難である。集団語は集団外に広がる
傾向があり、一般語化して、境界があいまいになる。起源や語源からいって
隠語やスラングでも、他集団に広がると、本来の機能を失う。境界は不分明
かつ連続的で、話し手と聞き手で判断が異なることがある。従って、隠語や
スラングは単語の所属の語彙論的分類ではなく、用法の分類と言える。客を
ごまかし、新米を困らせるために職業語や専門術語を使うのは、隠語として
の用法である。隠語には秘密保持のための狭義の隠語と、一般社会に通じな
い言い換え語という広義の隠語の両極がある。一般語化すると、隠語でなく
なる。「ヤク・カツアゲ」や「ホシ・シカトスル」などである。スラングも
面白さゆえに一般語化する。最初は一般語の中でも文体の低い俗語の扱いだ
が、文体が上昇して改まった場面でも使われることがある。「テクシー、億
ション」など。職業語は時代の変化、技術の革新、必要に応じ、集団外に広
がり、一般語になる。「ピンボケ」など。

1.5　集団語の 2 分類：言い換えの可能性

　集団語のもう一つの分類は、同義語（同意語）、言い換えの有無による。
隠語は一般語に言い換えできる。スラングの多くは、一般語での言い換えが
不可能で、通じない人には、パラフレーズにより説明することになる。「寮
雨・出たきり老人」など。職業語（職場語）のうち、略語は略さないことば
に言い換え可能だが、それ以外には同義語が見出しにくい。

　これに対し、専門術語（専門語・学術用語・術語など）は、俗語でなく、
狭義の集団語に入らない。一般語による言い換えが不可能で、パラフレーズ
して説明するしかない。正確で能率的な伝達のために用いられる語で、文体
的に高く、硬い語である（国立国語研究所 1981）。1.7 で再説する。

1.6 集団語の5種類

　上記の言語的基準による分類は、時が経つにつれて所属語が変化する。それに比べて以下の集団自体による分類は、（集団の成員が変わることがあっても）枠組みは一定である。米川（2009）は集団語を次の5種類に大分類する（番号を付け、（2）と（3）の順番を変えた）。集団の閉鎖性、加入脱退の自由度、隠語の発達の度合いなどの順番がほぼ対応する。

　　　（1）反社会的集団の語
　　　（2）被拘束集団の語
　　　（3）職業集団の語
　　　（4）学生集団の語
　　　（5）趣味娯楽集団の語

　（1）反社会的集団は、犯罪者（スリ、泥棒、暴力団、香具師、不良少年など）で、隠語を発達させやすい。社会的威信が低く、ことばの評価も低い。
（2）被拘束集団は囚人や軍人などで、評価は（1）ほど低くはなく、隠語は発達するが必要性は大きくない。（3）職業集団は現代社会では多様な集団を含み、それぞれで職業語を発達させ、隠語もある。相撲、寄席、すし屋、警察、百貨店、銀行、新聞、医療、航空などの具体例で見ると、あとのほうの職業ほど意味が細かく分化し、外来語が多い。職業集団の発生・確立の順番にほぼ対応する。（4）学生集団は成員の範囲が限定され、成員はライフステージの一部として一時所属してのちに抜け出すが、ことばは次代の成員に受け継がれる。隠語を発達させる必要性は大きくなく、スラングが多い。
（5）趣味娯楽集団は加入と脱退がかなり自由であり、隠語はあまり発達しない。オタク用語が1典型だが、所属意識に程度の差がある。

　以上の5種類について、米川（2009）は原資料にあたって多くの例をあげるが、（3）職業集団の語例が最も多い。産業、技術の高度化、概念の細分化による。職業集団は多数に細分される。伝統工芸や技術については、民俗学的記述もあり、職業語・隠語が記録される。同一業種でも違いがあり、銀行やデパートの合併・統合では、用語の統一が問題になった。（5）に入るスポーツ集団は種目により分かれるし、レジャーや芸術、コレクションなどの趣味による集団も多数あり、それぞれ多くの集団語を発達させている。

1.7 専門術語の性格

　これまで述べたのは社会言語学の対象としての集団語で、俗語に属するものだった。社会集団と結びつくことばとしては、専門術語がある。専門語、術語、学術用語などを、狭義の集団語と区別するために名づけた。改まった公的場面で使われ、文体的に高く、硬い、硬派のことばである。各分野の教科書、概説書、解説書、専門書で使われる。「○○士・○○師」の資格試験や「○○検定」に出題される。百科事典には載るが、小さい国語辞典には載らない。専門術語は、教育の後期に習得される。「母集団、校合（きょうごう）、ルーター」などの語を使って見せることにより、自分がその分野に詳しいことを示せる。または物知りという印象を与えうる。同じものに接しても、「ゴキブリ」でなく「ワモンゴキブリ」、「電車」でなく「ディーゼルカー」のように細かい語彙レベルで把握する。

　専門術語は意味が細分され、一般語の同義語がない。ただし英語などの術語の訳語の場合は、同義語がある。「惑星、遊星、プラネット」など。「小型機」のように、集団が違うと意味（実物）がずれることがある。専門外の人と用法が違うこともある。「イントネーション、ランダム」など。

　専門術語と集団語との境界は定めにくく、また辞書に載るような一般語との区別も困難である。医学で「舌」をゼツ、商業で「御用達」をゴヨウタツ、官僚が「目途」をモクトと読むのは、意識としては俗語でなく、公的な文体の語である。

— 2 —
集団語の位置付け

2.1 集団語の機能

　以下で集団語の機能と発生を見る。集団語は個人の帰属集団の表示機能を持ち、アイデンティティーを示す。同一の集団語を使うことによって、集団間のつながりを示す（例：やくざ〜暴走族〜ツッパリグループ）。個人の語彙量とプロ意識・帰属意識・関心・趣味は比例関係を示す傾向があり、ある単語を使うことによって某集団に属している（詳しい）ことを示せる。集団による規制力の強弱があり、また個人差もある。

集団への帰属意識の強弱にも差がある。個人にとっても、趣味の団体など
の自由加入集団では帰属変更が可能で、知識・使用の違いがある。また、集
団語には心理的距離の調節機能があり、仲間を近づけ、よそ者を遠ざける。
集団語をよそものに使うと、配慮を欠くことになり、目上には失礼になる。
集団語は威光 (prestige) の現われでもある。例えば (マスコミ) ギョーカイ
の隠語はカッコイイとされて、若者に広がる。例「カメリハ、口パク」。

2.2　集団語と位相

　人類史的に見ると言語共同体は地理的なもので、その後分業などにより、
社会集団が形成され、地理に左右されない集団語・職業語が生まれた。

　日本語の集団語は、以前はことばの「位相」として扱われ、公家の女性、
武家、遊里の女性、犯罪者集団など、社会階層の上から下までの様々な集団
のことばが研究された。その後心理や表現様式による違い (使い分け) も、
位相として広く、統合的に扱われた (田中 1999)。

　タブー (禁忌) により使わないことばも集団語に入る。昔の猟師・漁師に
は山ことば・沖ことばがあり、単語の不使用、置き換えが行われた。置き換
えが一般語化したものに、「山おやじ」(クマ) がある。中世の 女房詞 は卑
近なものへのタブーに基づくが、「おかべ(豆腐)、おめもじ(お目にかかる)」
などの「お」の付くことばは庶民に伝わった。方言にも広がり、京都からの
距離の近い地域に多く取り入れられた。

2.3　集団語と方言

　集団語には地域差を示す語がある。方言起源の例では、東京都多摩地方の
方言「ウザッタイ」が若者語に採用され、「ウザイ」として広がった。「アオ
タン」は花札用語から囚人用語を経て北海道方言に入り、全国に普及した
(井上 1998)。

2.4　集団語の造語法

　集団語の中には、変わった語形を持ち、人為的に作られたものがあり、語
源が興味を引く。造語法から見ると、隠語・スラング・職業語など、多くの

集団語を通じて、共通点が見られる（米川 1998, 2021）。集団語にはまった
くの新造語があり（ウルウル）、従来の語の派生・合成もある（爆睡）。「○
活、○育」のような増殖現象も見られる。語形の変容・短縮（略語）も多い。
「（池）ブクロ・（友）ダチ、（シラ）バックレル、キモ（チワル）イ」など。語
形の倒置・逆転としては、「グラサン」などがある。漢字の分解、読み変換
としては、「ロハ（只）・ノガミ（上野）」などがある。以上の語形の変化以外
に、意味を変えるタイプもある。比喩による「バーコード（薄い髪）」など。
　語種でいうと和語、漢語が多いが、外来語、混種語もあり、集団により
割合が違う（米川 2009, 2022）。外来語では英語が多い：「アバウト、スタン
バイ」。昔の学生語にはドイツ語が多かった：「シャン schön」。反社会的集
団には朝鮮語がある：「パッチギ」。外国語のもじりもある：「シングルベル、
パーペキ」。
　集団語の多くは単語であり、外来語アクセントの平板化にも表れる。文法
現象（遊里のアリンスことば、軍隊や体育系サークルの人称代名詞や敬語使
用）にも表れる。文字についても、海軍のネイビー国字（米川 2009）、ガリ
版で使われた「図・歴」の略字、「慶応」の略字とともに集団漢字がある。

2.5　役割語

　役割語は、発話者の人物像（年齢・性別・階層・職業・時代・国籍・民族
など）や発話場面に結び付けられたスピーチスタイルないしは方言を言う（金
水 2003）。前近代には社会集団によることばの違いが大きく、落語では登場
人物をことばづかいで描写し分けた。過去のステレオタイプに依存したこと
ばづかいが、舞台方言・時代劇・文学作品などに伝えられた。「わしじゃよ」
などは東京山の手ことばの西日本的背景から生じたことばだが、老人語・博
士語として役立てられている。「わたくしは存じておりますわ」は戦前まで
使われていたことばだが、21 世紀には貴婦人の役割語になった。役割語は、
「バーチャル集団語」と位置づけられる。

2.6　集団語の数と電子データ

　狭義の（俗語的な）集団語は各集団ごとに記録される。20 集団を集大成し

た研究（米川 2009）では、6000 語近くをあげるが、集団の数が 1 桁多いとしたら、集団語は数万語あるだろう。他方、専門術語・学術用語の辞書もあり、数十万語を収録する。現在は多くの情報が文字に記され、インターネットで流される。小さい集団の職場語も電子メールで使われたら記録されるから、すべての電子テキストを究極のコーパスとして記録することもできる。集団語を手がかりにして、集団の相互関係を知ることもできる。

― 3 ―
年齢集団の違い：年齢言語学

3.1　年齢集団：コーホートとライフステージ

　以下では年齢集団による違いについて述べる。「世代」ということばは、二つの意味で使われる。一つは「コーホート・同一年代出生集団」で、同じ時期に生まれた人たちを指す。同窓会・同期会のメンバーなどがコーホートで、「明治生まれ・団塊の世代」などは、個人に一生ついて回るレッテルになる。もう一つは「ライフステージ」で、個人が一生のうちに経る成長段階である。「若者世代」が「青年期」を過ごし、「中年」を経て「実年」「老年」になる。民俗学でいう「通過儀礼」に対応する。

　ことばの年齢差・世代差について、年齢言語学が成立しうる。たとえば、新現象は若者が採用することが多いので、一時点の年齢差「見かけ時間」を手がかりに言語変化を知ることができる。しかし敬語などでは成人後採用があり、「実時間」による二時点の調査資料で確認する必要がある。日本社会では、年齢差は重要である。成長に従って、言語環境は家庭、地域、学校、職場と変わり、所属集団も広がる。以下成長段階に沿って考察する。「ライフステージ語」と呼べる。

　　幼児語・育児語：人生で、幼児語が最初に習得される。幼児に話しかける
　　　　場合に、成人も使う。幼児は 2、3 歳で使用をやめ、周囲の人も一般
　　　　語に置き換える。「ワンワン、ブーブー」など、オノマトペと関わる
　　　　例が多い（友定 2005）。

　　児童語・遊戯用語・遊びことば：次の段階に児童語・遊戯用語がある。か

　　つてはよく使われ、「チッケッタ・タンマ」など、地域差も大きい。

学校用語：その次の段階に学校用語がある。小学校で「体育ずわり、三角
　　食べ」などの学校用語を増やす。学校は公的に定まった標準語・共
　　通語を身につける場であり、母語・方言と対立する扱いを受けるが、
　　「学校方言」という地域差がある。長野県・静岡県の「イタダキマシ
　　タ(ごちそうさま)」、東海地方の「放課(休み時間)、ビーシ(模造紙)」
　　などである。

若者語：その次の段階の集団語として、若者語がある。若者世代になる
　　と、集団特有の言い方をレパートリーに加える。3.3.3 で論じる。

オトナ語：このあとの世代は、各生産的社会集団に分属する。サラリーマ
　　ンが有力集団で、「オトナ語」と名付けた本もある。職場では多様な
　　職業語が展開され(「直帰・稟議(りんぎ)」など)、スラング・隠語もある。

専門語・職業語・職場語：社会人として必要になるのは各種職場の専門術
　　語である (国立国語研究所 1981)。また職業語と各職場の俗語も必要
　　になる。「業界用語」と呼ぶときは、専門術語を含むこともある。

老人語：ライフステージとして、退職すると、それまでの集団語の世界か
　　ら離れる。若いときに身に付けたことばを使うと、その後の言語変化
　　のために、古めかしいことばを使うと見なされる。「ヤングに追いつ
　　けないロートル」のことばで、「老人語、廃語、死語、消えた日本語」
　　などとも呼ばれる。ただし中身は多様で、昔の流行語「ヤング、アッ
　　シー君」、若者世代語「ゲバ棒」などが混在する。

3.2　若者語と「世代」

　ライフステージで並べたうち「若者語」は、注目に値する。米川 (1998)
は、若者語の使用者は「中学生から 30 歳前後」とする。「若者」とされる
年齢の幅も連続体をなす。対義語として前後に「少年・未成年」と「おと
な・壮年・中年」があり、確立した境界は定めにくい。本人の意識・周囲の
とらえ方が手がかりになり、若くないと思ったら若者語を使わない。中身と
しては学生のキャンパスことば、若い社会人のことばなどを含む。

3.3 若者語の 4 分類

表 2 に若者語の 4 分類を掲げる。基準は、数十年後の同一年齢（若者）と、数十年後の同一人物（老いた若者）における使用である。

表 2　若者語の 4 分類

	若者が老いて不使用	若者が老いて使用
後の若者不使用	1 一時的流行語 新語・時事用語	2 コーホート語 生き残った流行語・世相語
後の若者使用	3 若者世代語 キャンパス用語・学生用語	4 言語変化 新方言・共通語化

3.3.1　一時的流行語

流行語は、新語・時事用語と同様に、年月が経つと使われなくなる。話し手自身の「もう古い」という意識・判断（ときには聞き手の反応）が働く。「しらけどり・なんですかー」など。若い世代が早く採用し、中年層が学習して使うころには、「今頃古い」とさげすまれる。流行語の存続は長くて 1、2 年程度である。過去を描写するために使われることもある。「ぶりっ子・モーレツ社員」など。将来確立するかの予測は難しいが、辞書編集者にとっては切実な問題である。

3.3.2　コーホート語

ある一時期に生まれた人たちに多いことばで、生き残ったかつての流行語が典型である。この類は同年輩で話が合い、同窓会で盛り上がる。「ちょっとだけよ・ゲバ棒」など。時代背景に着目し、当時を語るのに他の言い方で置き換えられないものは、「世相語」と呼ばれる（稲垣 1980）。「昭和元禄・うさぎ小屋」など。

3.3.3　若者世代語

若者世代語は、ライフステージとしての若者世代に特徴的な語で、狭義の若者語である。典型はキャンパスことば、学生スラングで、若いときは、世代的集団語として使うが、年を取ると使う機会がなくなる。一方次世代にも

伝わり、再生産される。「代返、赤点」など。

3.3.4 言語変化

かつての若者が数十年後にも使い続け、新しい若者も使う。つまり全体に広がることばであり、言語変化にあたる。次の二つに分けられる。a は普及初期には若者語扱いされることもあり、b は若い世代が早く採用するが、狭義の（俗語としての）集団語には入らない。

a 下からの言語変化：文体的に下に位置づけられ、使用者の社会階層が下層で、意識下の（意識されない）変化。歴史上長く起こってきた自然な言語変化であり、「見れる」などのら抜きことばも含まれる。新方言（若い世代に向けて使用者が多くなりつつある非共通語形で、使用者自身も方言扱いしているもの（第 4 章参照））が典型で、「チガカッタ、ミタク、メッチャ」など。

b 上からの言語変化：文体的に上に位置づけられ、使用者の社会階層が上層で、意識にのぼる変化。近代の共通語化が典型で、言語政策としての差別語・不快用語・外来語の言い換えもここに入る。言い換えられた語をあげると、「体の不自由な人、認知症、納得診療」など。

3.4 若者語の歴史

若者語の歴史をたどると、一定の傾向が見える。米川（1998）の指摘によれば、近代若者語の 130 年のうち、1960 年代までは男子中心だったが、男女平等、男女共学の影響がその後になって現れ、女子がことばの規範から自由になり、若者語を主導するようになった。また、1970 年代以降「楽社会」になり、楽な、楽しいことばが生まれた（米川 2021）。

一方昔はテレビチャンネルが少なく、人気者が新しいことばを仕入れて周囲にはやらせた。集団内でことばの影響力の強い人（リーダー）は言語ボスと言われた（柴田 1978）。今はマスメディアが多様化し、インターネット、SNS などによる小規模のメディアも登場した（5 節参照）。同じメディアに接しない人には通じないので、最近の若者ことばは広がりが小さくなった。

3.5 キャンパスことば

　キャンパスことば（キャンパス用語、○○大学（用）語）は、集団語の典型で、若者世代語（ライフステージ語）の典型である（中東 2002）。1990 年代前後に各地の大学で辞典が作られた。通用範囲からいうと、特定の大学でしか使われない特有語「ばか山、丘飲み」と、他大学にも通じる語「インカレ、パンキョウ（般教）」、大学生以外の若者すべてに通じる語「ダイヘン」などがある。地域差があり、「○回生（かいせい）」は京都大学から西日本に広がった。

　戦前の旧制高校の学生語との共通性は少ない（米川 2021）。後世に残った語に「カンニング、コンパ」があるが、キャンパスことばとは認知されない。

— 4 —
集団語の理論的展開

4.1　海外の集団語研究

　集団語の研究は、近代言語学の誕生と同じくらい古い歴史を持つ。メイエ（Meillet）は、社会言語学への貢献も大きく、『ヨーロッパの言語』（初版1918）のはしがきには、「言語とは、それを使用する社会が作るものである。言語を話す人々の意思が言語に介在し、その発展に寄与する」と書いている。言語を社会的事実と規定し、文明や社会、また、歴史との緊密な関係において言語を考察した（Meillet 1928［西山 2017]）。

4.2　言語共同体（スピーチコミュニティー）

　集団語の基本概念を形成する「言語共同体」（スピーチコミュニティー）の定義は、研究の進展によって変化してきた。ライオンズ（Lyons 1970）は、「すべてのメンバーが同一の言語または方言を話す」ことをコミュニティーの条件としているが、ある特定の一つの言語や方言を共有しているという条件だけでは、適切な定義ではない。言語だけでなく社会・文化・政治・人種・民族などの要素も共有されるものに含まれる。そこで、考えられることは、ある特定の言語的規範（linguistic norm）を共有することをスピーチコ

ミュニティーの区分けの目安にすることである（Wardhaugh & Fuller 2021）。ラボフ（Labov 1972）は、この規範の共有というのは、周囲から好ましいと受け取られる言語的ふるまいや同一変異形の使用ということに協調することだと述べている。ハイムズ（Hymes 2004）は、さまざまなネイティブアメリカンのグループの英語の語りのなかに、ネイティブアメリカン言語の語りの構造を認め、ディスコースパターン（談話における流れの型）の共有もスピーチコミュニティーの成立の特徴であるとした。ガンパーズ（Gumperz 1971）は、言語的コミュニティー（linguistic community）という用語を使い、単一言語社会でも多言語社会でも、頻繁なコミュニケーションと周囲からの独立性があれば、対面コミュニケーションを基本とする狭い社会でも、広い地域を対象とする社会でも、言語的コミュニティーは成立するとする。

　いずれも従来の地理的に限定可能な対面集団を基本にした定義である。

4.3　社会階級と集団語

　以下では地理平面に併存する社会集団のことばに着目する。研究の三つの波としてとらえると、集団語への関心の収斂と考えることができる。

　社会言語学の**第1の波**は、階級社会を要因とする集団語形成の研究である。ラボフ（Labov 1972）は、社会階層化が強固な社会では、所属する社会階級の違いが、発音に反映されることを検証した。ラボフは、人々の経済状態によって、主に買い物に行くデパートが異なっていることに着目し、そこで働く従業員が /r/ を含む発音をどのくらいするか、客を装い従業員に質問をして、調査した。その結果、高級デパートの店員は /r/ を多く発音し、庶民的なデパートの店員はあまり発音しないことが示された（Labov 1972）。

　　調査例

　　客を装ったラボフ："Excuse me, where are the women's shoes?"

　　従業員："Fourth floor."

ラボフはこの研究を出発点にして、ニューヨークの一地域でサンプリングによる社会言語学的調査を行った。改まった場面からふだんのくだけた場面にかけて、いくつかに分け、住民を社会階層の上下のスケールに位置づけて分析したところ、中の下の階層が中の上の階層を追い越す形で、標準的な発

音で答えることが分かった。階層が高いほど改まった場面で標準的な発音を使うと、それまでは理解されていたので、この過剰修正（直しすぎ）の現象は、学界に刺激を与え、「変異理論」の研究が盛んになった。

4.4　ソーシャルネットワーク

　社会言語学の第2の波は、階層構造よりも小さな単位（対面集団）の研究である。個人が社会において他者とどう関係し合うかということを主眼に集団を考察するとらえ方が、ソーシャルネットワークと呼ばれるものである。ミルロイ（Milroy 1980, 1987）が、このアプローチを実践した。異なったソーシャルネットワークであれば、異なった言語変化と変異が見られるという理論で、例えば、結びつきが緊密なネットワークでは、メンバー同士が様々な形で結びついており、言語変化のあり方や変異の現れ方にも反映する。ネットワークは固定的ではなく、ライフステージなどに応じてネットワークの性質も変化し、その変化に応じて話し方も変化する。人々は、様々なネットワークに、様々な強さで属している。

4.5　実践共同体論

　実践共同体論は社会言語学の第3の波としてとらえられる。実践共同体論とは、学習の基本形態を社会的実践の中に見出そうとする説である。実践共同体論の視点は、制度的な枠組みとか社会構造上の組織や倫理規範というこれまでの固定的な「共同体」概念ではなく、自分以外の他者との関係による交渉と協働活動を対象としている。レイブとウェンガー（Lave & Wenger 1991）は、学習を特定タイプの社会的共同参加という状況の中において考えた。そして、実際に、メキシコのユカタン地方のマヤ族の産婆技術の伝授、リベリアの洋服の裁縫技術の獲得の仕方などの各地にみられる徒弟制などを考察した。学習者は、正統的周辺参加というゆるやかな条件の下で、実際の仕事の過程に従事することによって業務を遂行する技術を獲得していくことを見出している。

　エッカート（Eckert 2000）は、この実践共同体論を社会言語学に応用し、アメリカの女子高校生の言語使用の変化をそのアイデンティティーの変化

の表れとして考察している。本来は、学習理論である実践共同体論を集団語形成に適用したことに批判もあるが、従来の「言語行動」分析中心の研究から、アイデンティティーに主眼をおいた「言語意識」への研究の方向付けを示した功績は、評価されるべきだろう。従来の日本なら、女子の 1 人称代名詞（おれ）やアイ連母音（いてえ）などを手がかりに扱っていた小集団のことばが、欧米でも研究対象になったわけである。

— 5 —
新しい「集団語」の時代

　今日インターネットが一般に普及するようになって、さまざまなソーシャルメディアが出現し、多彩なサービスを提供するようになった。ソーシャルメディアとは、インターネットを利用して誰でも手軽に情報を発信し、相互のやり取りができる双方向のメディアであり、代表的なものとして、ブログ、Facebook や Twitter 等の SNS（ソーシャルネットワーキングサービス）、YouTube やニコニコ動画等の動画共有サイト、LINE 等のメッセージングアプリがある。近年このソーシャルメディアによって新しいコミュニケーションの形式が出現し、人々の言語生活に大きな変化をもたらしている。

5.1　新しいメディア時代の集団語：第三の言語「打ち言葉」

　情報機器などへの文字入力による言葉を「打ち言葉」と呼ぶことがある。「打ち言葉」を、米川（2009）の集団語の定義に従って「仲間内の通用語」としてとらえ、「SNS を使う仲間内の通用語」としてとらえることができる。
　「打ち言葉」とは、話し言葉か書き言葉か、どちらに分類できるのだろうか。使われる表現形式そのものは、話し言葉的だが、従来の「書き言葉」とかなり性質を異にしている。音声や顔の表情を伴わないので「話し言葉」とは言いがたいが、絵文字が導入され顔の表情を表わそうとしている。書き言葉の特徴である記録性はある。話し言葉でもなく、書き言葉でもない、第 3 の言葉として位置付けられる。「打ち言葉」は、新しいメディアのための新しい交信手段が創成されたと考えるのが適切だろう。

5.2　繋がりあわない仲間たち

　「打ち言葉」が使われる SNS の世界の集団の特徴は、メンバーが互いに、実際には会ったこともない人とインターネット上でつながっているという感覚を持つ点である。しかし、若者の多くは、物理的な場で知っている友達と社交するためにオンラインを利用し、直接的な社会的コミュニティーと並行して、以前より緊密にむすびついたオンラインの文脈上でも自分を表現し、相互交流を図るようにもなっている。携帯電話での「ケータイメール」「LINE」も、急速にその使用対象者が広がり、このような目的で使用されるようになっている。このような集団を、「対面近似集団」と呼んでいいだろう。

　フォロワーやハッシュタグなどのシステムによって、発信者の主張に共鳴し、共通する興味のみによりつながれる手段も増えている。会ったこともない人に仲間意識を持ち、かえって心の内を明かすことができるという新しい世界を、「打ち言葉」はわれわれに提供した。このようなヴァーチャル（仮想）集団の仲間に独自の言葉が生まれ、仲間意識を高めるが、使わない新来者を排除する働きもする。負の側面として、Twitter の匿名性に象徴されるように、インターネットの世界は、依然として「何を言ってもかまわない」といった考えに基づいた行為が多くみられ、他人を誹謗・中傷し、心を無配慮に傷つける問題も、より一層深刻化している。

　「打ち言葉」によってつながる集団は、米川の扱う対面集団を超越した集団である。またエッカートの言う社会言語学の第 3 の波を越える第 4 の波と位置づけることもできる。

　コンピューターによってつながる集団には、本書第 9、10 章で述べるような談話の規則性がまだ確立していない。そのために大規模な炎上があり、小さなグループでの中傷や仲間はずれによるいじめが生じている。人命が失われることもあり、社会言語学の一分野、ウェルフェア・リングイスティクス（福祉言語学）の重要な課題になっている（徳川 1999）。新たな担い手の若い世代が真剣に考えるべき課題である。

― 6 ―
まとめ

　これまでの第 3 章、第 4 章では、世界地図に使用地域をプロットしたら色分けできそうな言語と方言を扱い、第 5 章で性差について扱った。この第 6 章では、地表から切り離されたことばの違いを扱った。個人内で場面により使い分けることばのうち、敬語は第 7 章で扱う。この章はそれらの中間にあたる。

　従来の国語学では「位相」として注目され、「集団語」として多様な研究が行われたが、西欧でその後発達した「社会言語学」の中では重視されず、正当な位置づけがなされなかった。本書で、社会言語学全体の枠組みの中に位置づけを示すことができた。

■参考文献

Eckert, P. (2000). *Linguistic variation as social practice: The linguistic construction of identity in belten high*. Oxford: Blackwell.

Gumperz, J. J. (1971). *Language in social groups*. Stanford, CA: Stanford University Press.

Hymes, D. (2004). *'In vain I tried to tell you': Essays in native American ethnopoetics*. Lincoln: University of Nebraska Press.

稲垣吉彦 (1980). 現代世相語. 創拓社.

井上史雄 (1998). 日本語ウォッチング. 岩波新書.

金水敏 (2003). ヴァーチャル日本語 役割語の謎. 岩波書店.

国立国語研究所 (1981). 専門語の諸問題. 秀英出版.

Labov, W. (1972). *Sociolinguistic patterns*. Philadelphia: University of Pennsylvania Press.

Lave, J. & Wenger, E. (1991). *Situated learning: Legitimate prepheral participation.* Cambridge University Press.［佐伯胖（訳）(1993). 状況に埋め込まれた学習. 産業図書］

Lyons, J. (Ed.) (1970). *New horizons in linguistics*. Harmondsworth: Penguin Books.

Meillet, A. (1928). *Les langues dans l'Europe nouvelle*, 2e edition. Paris: Payot.［西山教行（訳）(2017) ヨーロッパの言語. 岩波文庫.］

Milroy, L. (1980). Social network and language maintenance. In A. K. Pugh, V. J. Lee, & J. Swann (Eds.), *Language and language use: A reader*. London: Heinemann Educational.

Milroy, L. (1987). *Language and social networks*, 2nd edition. Oxford: Blackwell.

中東靖惠 (2002). 現代キャンパスことば辞典. 吉備人出版.

柴田武 (1978). 社会言語学の課題. 三省堂.

田中章夫（1999）. 日本語の位相と位相差. 明治書院.

徳川宗賢（1999）. ウェルフェア・リングイスティクスの出発. 社会言語科学, 2(1), 89–100.

友定賢治（2005）. 育児語彙の開く世界. 和泉書院.

Wardhaugh, R. & Fuller, J. M.（2021）. *An introduction to sociolinguistics*, 8th edition. Hoboken: Wiley Blackwell.

米川明彦（1998）. 若者語を科学する. 明治書院.

米川明彦（2000）. 集団語辞典. 東京堂出版.

米川明彦（2003）. 日本俗語大辞典. 東京堂出版.

米川明彦（2009）. 集団語の研究 上巻. 東京堂出版.

米川明彦（2021）. 俗語百科事典. 朝倉書店.

米川明彦（2022）. 集団語の研究 下巻. 東京堂出版.

■ 推薦図書 ────────────────────────────────

米川明彦（1998）. 若者語を科学する. 明治書院.

　　若者語について、多くの実例をあげて理論的に整理する。

米川明彦（2021）. 俗語百科事典. 朝倉書店.

　　俗語（と集団語）について具体的なデータをもとに多面的に論じる。

三浦麻子・森尾博昭・川浦康至（編）(2009). インターネット心理学のフロンティア. 誠信書房.

　　「打ち言葉」による新しい集団語形成の理解に役立つ。

```
┌──────────────────────────────────────────┐
│                調査の課題                    │
│                                            │
│  1  自分の大学の（学科やサークルの）キャンパスことばの例を集    │
│     めよう。どんな単語に多いか、考えよう。              │
│  2  他の大学生が知らないと思われる特殊なことばを自分がどれだ   │
│     け知っているか、考えてリストにして、分類してみよう。      │
│  3  過去の流行語大賞を受けたことばが今どの程度残っているかを   │
│     見て、傾向を読み取ろう。                      │
└──────────────────────────────────────────┘
```

─────────── 第7章 ───────────

敬語と社会

井上史雄

╭─────────── **この章のポイント** ───────────╮

これまでの章では、地表上に個人をプロットしたら使い手を識別できそ
うな違いについて扱った。敬語の章と文字の章は一個人内で使い分けら
れる現象を扱う。日本語の敬語は複雑なので、詳しく考察する価値があ
る。本書のほかの章と関連させながら、様々な面から考察する。

╰──╯

— 1 —
本章の位置付け

1.1　章の構成

　この章では、入れ子細工・マトリョーシカのように、本書の全体構成を活
用して記述する。つまり社会言語学の4分野の枠組みが敬語とどう関わる
かを、具体的に記述する。全体を15節に分け、節の題名の右の（　）内に本
書の章を示す。最初の3分の1は、第1章から第6章までと相互参照しな
がら記述する。敬語がテーマである第7章は6項に分ける。そのあと第8、
9、10章に関わる現象について述べる。

1.2　敬語は多面的に社会を反映する（第1章）

　敬語は多面体である。多くの面から考察し、位置付けることが必要であ
る。敬語は何重にも社会つまり外界を反映する。また社会が敬語そのもの
（言語体系）や敬語意識や使い方を規制する。

― 2 ―
言語相対性と敬語（第 2 章）

　社会言語学の第 1 分野は、言語構造の記述で、社会・文化と言語の相互影響関係を扱う。「言語相対性の仮説」では、個人レベルの言語習得や認知を中間項に入れると、社会全体の共有財産としての言語と、個人の言語と、文化との 3 項の循環過程として、影響関係が説明できる。人間関係を敬語でどう表すかが変わると（例：大学のサークルで「っす」のような敬語が普及すると）、個人の目上目下の関係の意識が変わり、人間関係のとらえかたが変化する[1]。この意識が行動にも現れる。社会全体に広がると敬語体系の変化が起こる。

― 3 ―
諸言語の敬語（第 3 章）

　社会言語学の第 2 分野では、言語変種の記述を行う。地表を覆う範囲の大きさから、言語・方言・集団語・文体差などの順に並べられる。この章の 3 から 12 にわたって述べる。まず 3.1 では、世界の諸言語を見渡す。

3.1　世界諸言語の敬語概観

　「敬語があるのは日本語だけだ」とか、「英語には敬語がない」というのは迷信である。英語でも「ロン・ヤス」のように名前・愛称で呼べるかどうかの敬語的な使い分けがある。2 人称代名詞 2 種の使い分けはフランス語・ドイツ語などのヨーロッパの諸言語に見られる。英語でもかつては単数 thou と複数 you の区別があったが、複数 you が敬語的に使われ、やがて日常語では you だけになった。2 人称代名詞の区別の細かい言語がインドに多く[2]、

1　マスコミでは、皇室敬語を「～られる」に画一化し、皇室を離れたら使わない。外国の王室や要人に、「～られる」を使うかどうかの境界線が問題になる。外界のとらえ方が敬語の使い分けを規定する。逆に見ると敬語を使うかどうかで皇室・王室・要人を格付けすることになる。

2　インドではカースト制度による格差が大きい。これに対し、従来の部族社会では、首長と他の成員の違いは大きくはなかった。

区別のない言語がアフリカや南北アメリカなどに分布する。このように 2
人称代名詞の使い分けは社会体制・身分制度と対応する。2 人称の使い分け
の細かさは日本語に際立ち、「対称（代名）詞」として扱われる。目上には
多様な地位名（先生、社長）が使われる。親族名称（おじさん、おねえさん）
が仮構的に使われるが、今は失礼に響く。本来の 2 人称代名詞（あなた、き
み）も数が多く、目下に使えるが、実際には使用が避けられる。

　文法的に整った敬語体系は日本語、韓国語で発達しているが、依頼表現・
命令形の使い方などの表現法に広げると、敬語にあたる区別は世界中の言語
にある。世界の敬語は社会の人間関係を反映する。

3.2　登場人物敬語と相手敬語による世界の類型

　従来日本語の敬語は、尊敬語・謙譲語・丁寧語の 3 種に分けられていた
が、別の分類がある。(1)「素材敬語」は「登場人物敬語、話題の敬語、言
及敬語、仕手敬語、話題敬語、言及語」とも言われる。「尊敬語・謙譲語」
がこれにあたり、面前の話し相手だけでなく、話題に登場する人物に言及す
るときに使える。(2)「対者敬語」は「相手敬語、聞き手への敬語・呼びか
け語」であり、その場にいる相手への敬語である。丁寧語「です・ます」に
あたる。

　登場人物敬語と相手敬語の 2 種を組み合わせて、世界の敬語表現を次の 4
種に分類できる。表 1 に示す。

　(a)　相手敬語しかないことば：子どものですます体
　(b)　登場人物敬語しかないことば：上代日本語
　(c)　登場人物敬語＋相手敬語のことば：現代日本語、朝鮮語
　(d)　相手＝登場人物敬語のことば：ヨーロッパの 2 人称代名詞

　登場人物敬語と相手敬語がともに存在する言語については、(c) それぞれ
が別の要素を持って、使い分けられる敬語と、(d) 2 人称代名詞のように相
手＝登場人物のときのみ使われる敬語とがある。

表 1　世界の敬語の分類

	相手敬語　無	相手敬語　有
登場人物敬語　無	(0) 無敬語	(a) 相手敬語
登場人物敬語　有	(b) 登場人物敬語	(c) 登場人物敬語 + 相手敬語
		(d) 相手 = 登場人物敬語

3.3　世界の敬語：言語内外の条件

　敬語の世界的分布は、A. 言語内の要因と B. 言語外の要因で説明できる。

　A. 言語内の要因としては、言語類型が影響する。文法的関係を示す手が
かりをもとにした古典的言語類型 4 分類がある。文法的に単純なものから
並べると、(1) 孤立語（中国語・タイ語など）、(2) 膠着語（日本語・朝鮮語・
トルコ語など）、(3) 屈折語（ヨーロッパやインドの諸言語など）、(4) 複総
合語（抱合語）（イヌイット語など）である。(2) 膠着語では、助詞・助動詞
を単語のあとに付けたりはずしたりして文法的関係を表わすので、敬語を発
達させやすい。(1) 孤立語としての中国語では個々の単語・語形を選んで表
現する。(3) 屈折語では、代名詞・人称による区別が発達する。

　B. 敬語が発生するための言語外の条件としては、社会的階層差の発生、
階層分解がある。身分制社会または封建社会では、敬語が発達しやすい。

3.4　多言語使用と敬語

　言語間の敬語研究課題としては、個人のバイリンガル、社会の 2 言語併
用などがある。敬語が発達した言語とそうでない言語が個人の頭の中でまた
は社会全体として併存したときに、食い違いによる違和感が生じる。言語を
使い分ける基準（相手や場面）が敬語の使い分け基準と重なるために、敬語
が活用されなくなることがある。海外の日本人の子どもが家庭内でしか日本
語を使わなかったために、適切な敬語を使えない問題も含まれる。一種のセ
ミリンガル、ダブルリミテッドである。

— 4 —
方言敬語と日本語史（第 4 章）

4.1 方言敬語の 3 地域

　言語の下位区分としての方言についても、敬語との複雑な関係が見られる。方言の敬語については、西高東低と都市・農村（中央・辺境）の違いという大きな 2 傾向が指摘されている。大きく 3 地域に分けるとらえ方がある。

　(1) 簡素地域（方言敬語簡素地域）は、主に東北・北関東で、方言学でいう「辺境」で、尊敬語をあまり使わず、敬語発達が不十分な段階に相当し、「東低」にあたる。(2) 複雑地域（方言敬語発達地域）は、主に西日本、特に近畿で、方言学でいう「中央」にあたる。敬語の「西高」に相当する。近畿は古くから敬語が発達しており、尊敬語をよく使う。(3) 首都圏（共通語敬語発達地域）は、急速に発達した近代的敬語の地域である。丁寧語化・美化語化の地域で、敬意レベルが高く、二重敬語が多い。

　この 3 分割は、社会経済的発展段階を反映する。敬語の歴史的展開の順に述べると、タブーを出発点として、自然物敬語、古代的絶対敬語、中世的相対敬語、現代的相対敬語の順に変化した。(1) 日本のはずれには、古代の方言が残っていて、昔は自然物や神仏に敬語を使った。(2) その後、天皇も神と同じような存在として天皇に使うようになり、のちに公家・貴族などにも広がった。中世的な用法は、近畿地方に残っている。どんな人物を重視するかで見ると、変化がある。(3) その後、自分のことばを美化する使い方を、都会人が採用した。

— 5 —
敬語の性差（第 5 章）

　ことばには男女差がある。男性はあまり敬語を使わず、女性は丁寧なことばや敬語を使う。最近では、男女平等、性差別解消の動きに応じる形で、ことばの性差は減少しつつある。

5.1 「お」の機能変化と美化語

　「お野菜、お仕事」など「お」「ご」の付くことばを美化語と呼ぶが、本来の敬語（尊敬語・謙譲語・丁寧語）の周辺にあたる。美化語の源流は室町時代の「女房詞」に求められ、かつては上流階級の女性に使われて、社会階層との関連を示した。首都圏の女性が色々な単語に「お」を付けはじめている。相手が使う「お箸」、私の「箸」のように、聞き手による使い分けをするなら尊敬語だが、そうでないとしたら狭義の敬語に入らない。

　若い女性は「お仕事、お休みよ」を自分のことにも使い、かつては誤用と言われた。今は若い女性が「仕事、休みよ」と言うのは乱暴に響く。単語自体を分類することは難しい。「お」「ご」では、自己を飾る機能が現れる。せめてことばだけでも美しくしたいという心理が背景にある。

　文化庁の世論調査で（文化庁国語課 1997, 2006）、女性のほうが「お」を多く使うことが分かる。また、同じ調査の繰り返しによる「お」の使用率の変化を見ると、9 年後には「お」の使用率が増えた。「お」を多く使うのは 30 代女性、アラサーである。男性は、10 代は「お」を付けないのに、20 代になると急に付けるようになる。つまり 20 代になると、女性に合わせる。単語により、性により、年齢によって使用率が違い、連続体をなす。

　どんな単語に「お・ご」が付くか。規則性の 1 つは、「お和語・ご漢語・ゼロ外来語」と言い表せる。和語には「お」が付き、漢語には「ご」が付き、外来語には何も付かない。「お年寄り・御老人・∅シニア」「お手伝い・御助力・∅ヘルプ」等。しかし例外もあり、「お」が付くかどうかで単語は二分できない。

5.2　美化語「あげる」の連続性

　敬語の誤用論議で取り上げられたのは、「あげる」の多用である。母親が「うちの子に離乳食をあげる」などと言う。文化庁の世論調査で、増加が分かる[3]。20 代、30 代の女性では大多数が使用する。身内には敬語を控えると

3　文化庁国語課では 1996 年以来『国語に関する世論調査』を毎年行なっており、成果はインターネットで公開されている。

いう原則に反するが、もはや誤用とは言えず、「美化語」として扱われる。

5.3 敬語は無料の化粧品

　女性のことばが丁寧になる理由はいくつかある。1 つは上昇志向である。敬語を使うと「敬語を使いこなす高い社会階層に属している」と示せる。女性が社会階層の上昇を狙うと、ことばを格上げする。敬語は無料の化粧品なのである。2 つ目の理由は、女性は低く扱われ、差別されていたからである。女性は下の立場で、丁寧に言うことが要求された。

─ 6 ─
集団差と敬語（第 6 章）

6.1 敬語と身分・職業

　社会集団によっても敬語が違う。近現代には社会のあり方、人々の考え方が変わった。敬語は江戸時代の封建的身分制度を強く反映するものだった。明治初期に「四民平等」と唱えられたが、華族と平民の区別があって、封建的な身分が名残をとどめていた。戦前には敬語について階層差があったが、戦後、人によることばの違いが少なくなった。民主化・平等化によって、考え方が変わって、ことばづかいに反映し、全体が丁寧になった。「敬語は教養のバロメーター」とも言われる。職業差は最近まで残っていたが、「職業に貴賎なし」の掛け声に応じて、敬語の職業差も薄れつつある。

6.2 岡崎の接客系における丁寧さの向上

　職業差が少なくなった例を挙げよう。愛知県岡崎市の戦後 3 回の大規模な敬語調査で、職業の反映が見られた（井上編 2017）。「事務系」「接客系」「労務系」「無職」に分けたところ、「接客系」つまり販売・サービス等に従事する人が丁寧さを増やす現象が観察された。接客系の人は、若いときはぶっきらぼうだが、年をとると「〜ていただく」を多用して、丁寧になる。現在、岡崎では、全体として丁寧になり、職業差が減った。国民の中流意識が増え、社会階層差がゆるやかになったことを反映する。

6.3　職業の違いと敬語

　もっと小さい職業的場面によっても、ことばの丁寧さ、要求される敬語の程度が違う。客に対してのことばの丁寧さは、それぞれの業種で違う。商店の敬語では、高級な店ほど丁寧な敬語を使う。宝石店や呉服店などはことばが丁寧で、魚屋や八百屋などはことばがざっくばらんと思われている。

6.4　言語年齢学

　敬語は人生の様々な時期に、少しずつ身につく。期待される敬語は、年齢と関係がある。子どもが敬語を使いこなすことは要求されない。小学校の教室で「ですます」を使い、中学生・高校生になると、先生や上級生に「ですます」を使いはじめる。しかし尊敬語、謙譲語は、あまり使わない。

　日本人が敬語をいつ身につけるかの手がかりになるのは、「母」というようになる年齢である。身内に対しては敬語的な言及を控えるという規則で、社会人として身につける必要がある。調査によると、自分の母親を「母」と言いはじめる年齢は、中学生か高校生だった。家庭内でしっかり教えれば、会社に入っても、社内＝身内への敬語で迷うことはない。

　世論調査によると、「敬語をいつ身につけたか」と聞かれて、家庭、学校、職場で身につけたと答える人が多い。現代は、家庭は大きな働きを示さない。また学校の授業で敬語について教えるが、実際に使う機会は少ない。敬語は職場で、社会人としての成長につれ、身につく。しかし系統的な教育・訓練を受けることは少なく、その場に応じて身につける。敬語は、人生経験を重ねて（成人後採用として）、様々な場面で自然に身につく。大学生は敬語モラトリアムで、間違いは大目に見てもらえる。敬語は個人にとって発展途上なのだ。敬語に自信のない人は、気楽に、少しずつ身につけるといい。

― 7 ―
敬語の歴史的発展（第 7 章 1）

　ここから先しばらくは、本書の第 7 章（敬語）プロパーの内容で、他の章と相互参照をせずに記述する。この章の 7 節から 12 節にわたる。

7.1　絶対敬語から相対敬語へ

　昔は天皇や貴族に敬語が使われた。身分に応じて定まっていたので「絶対敬語」と言われた。今は話題の人物と目の前の聞き手とを相対的に計量して、「相対敬語」として使い分ける。

　敬語は社会化の過程で身に付く。社会人としてとまどうのは、会社内外の敬語である。自分の会社（ウチ）の上司について、社外の人（ソト）に対して、「鈴木課長（鈴木さん）は席を外しております」と言うのはおかしい。「（課長の）鈴木は席を外しております」と呼び捨てにするのが正しい。日本では、家庭も会社も外に対しては同じ身内と考えられている。同様に、社内の上司と話すときに、社内の別の目上についての敬語を調節することも必要だ。

<h1 style="text-align:center">— 8 —
敬語の作り方（第 7 章 2）</h1>

8.1　一般形と特定形

　日本語の敬語は、形の作り方から 2 分類される。「一般形」は「つぎたし敬語、付加形、敬語添加形式」とも呼ばれる。「お〜なさる」「お〜になる」「〜（ら）れる」、「お〜する」「お〜いたす」の類で、動詞の前後に付けて、規則的に作れる。

　対をなすのは「特定形」で、「言いかえ敬語、補充形、敬語交替形式」とも呼ばれる。これは「いらっしゃる」「召し上がる」、「伺う」の類で、個々の動詞について暗記する必要があるので、使いこなしにくく、難しい。英語の不規則動詞と似て、特定形があればそれを使い、ないときには一般形を使うのが原則である。従って「お行きになる」「お見なさる」は誤用とされる。

<h1 style="text-align:center">— 9 —
敬語の 3 分類と 5 分類（第 7 章 3）</h1>

9.1　敬語 3 分類から 5 分類へ

　文化庁文化審議会（2007）『敬語の指針』は、敬語 5 分類を提唱し、「尊敬語・謙譲語Ⅰ・謙譲語Ⅱ・丁寧語・美化語」に分けた。以前は敬語 3 分類で、「尊敬語・謙譲語・丁寧語」だった。「美化語」を認める人が出て、さら

に「丁重語」を別立てする人も出た。5分類では丁重語を「謙譲語Ⅱ」と呼び、従来の謙譲語の派生であることを明らかにした。

　敬語5分類と従来の敬語3分類を表2に示した（井上 2017）。

表2　敬語の3階建て

敬語6分類		従来の敬語	新敬語・乱れ
3階	相手側　　2人称	尊敬語	尊敬語Ⅱ
2階	自分側　　1人称	謙譲語Ⅰ	謙譲語Ⅱ
1階	相手　ものごと　外界	丁寧語	美化語
空き地			マニュアル敬語
		主屋	建て増し

9.2　謙譲語Ⅰ・Ⅱの区別の難しさ

　『敬語の指針』の革新は、謙譲語Ⅱという分類を設けたことである。本来の「謙譲語」の用法から広がる使い方（丁重語）を「謙譲語Ⅱ」とした。「参る・申す・いたす・おる」など、丁重に述べるもので、動作の受け手がなくても使う。「電車が参ります」「しばらくいたしますと」などは、新しい分類を与えられた。しかし「参る」は依然として「貴社には私が参ります」のときは、元々の謙譲語Ⅰとして用いられているし、「いたす」「申す」も謙譲語Ⅰの用法を失っていない。謙譲語Ⅰは、謙譲語Ⅱと重なる用法を保ちつつ守備範囲を広げている。謙譲語は丁寧語と同じ方向に変化しつつある。謙譲語Ⅰ・Ⅱの違いは、個々の単語の所属ではなく、用法の広がりなのだ。

　この背景には、人間関係のとらえ方の変化がある。「敬遠」というように、敬語は心理的距離を表わす機能を持つ。かつて敬語は、固定的な身分を背景に、話題として登場する第三者への敬意を示したが、現在は目の前の話し相手への配慮を優先するようになった。これは社会の心配りの変化と関係する。

9.3　敬語の 6 分類と尊敬語 II

　「尊敬語」も現代は新しい用法を拡大させている。表 2 によれば、尊敬語について、「新尊敬語」または「尊敬語 II」を追加できる。具体的には「尊敬語過多」がある。話題に出た人物に過度に敬語を使う現象で、聞き手に丁寧さを表そうというときに出る。社長と話していて、話題に出た部長に尊敬語を使いすぎるのが典型である。

　また「所有者敬語」といって、敬語を話題の人物以外に関係者や所有物にまで広げる現象がある。「指が細くていらっしゃる」は『敬語の指針』でも正用と認めている。「ネクタイが曲がっていらっしゃいます」だと、抵抗を覚える人が多い。「お宅には牛がたくさんいらっしゃる」「浴室にはトラップが付いていらっしゃる」は誤用とされる。「～ていらっしゃる」は、丁寧語に近い使われ方をする。ことば全体を丁寧にするために、相手に関わる表現を高めるのだ。そうすると表 2 は、一見 6 分類に増える。

9.4　敬語 6 分類の仕組みと心理的距離

　敬語の理論分類としては、表 2「敬語の 3 階建て」のように、基本的 3 分類、詳しくは 6 分類として表示できる。これをもとに、後述の待遇表現やポライトネス理論とも関連づけて現代の変化傾向を位置づけることができる。

　「尊敬語 II」も「謙譲語 II」も「美化語」も本来の敬語とは離れた用法で、いわば建て増し部分である。敬語の基本的 3 分類「尊敬語・謙譲語・丁寧語」は変える必要がない。それぞれの用法が拡大しつつあると考えればいい。現代敬語は心理的距離を表すのにふさわしい方向へと変化しつつある。依頼や負い目、負担の度合いによる使い分けが発達して、前面に出た。

　マニュアル敬語は、その外側に位置する。全体として、表 2「3 階建て」の左上から右下のマニュアル敬語への長期的変化が読み取れる。

—10—
敬語の変化と場面差（第7章4）

10.1　丁寧語の発達：「ですます体」の整備

　敬語は服装にたとえられる。場面によって使い分けられ、臨機応変に、改まり、親しみ、カジュアル感などを表現できる。

　現代語では丁寧語体系が細分されつつある。以前は敬体＝「ですます体」と常体＝「だ体」に二分されることもあったが、今は順に「でございます体」「ですます体」「っす体」「である体」「だ体」と並べられる。日本語の文は、動詞述語文、形容詞述語文、名詞述語文の、3つに分けられる。「です・ます体」と言うが、現代語では品詞によって「名詞＋です」「形容詞＋です」「動詞＋ます」という使い分けをする。さらに「です」は、動詞やその変化形にも付くようになった。「行くでしょう」「行くんです」が先駆けで、動詞に直接「です」を付ける「行くです」なども現れた。

　「です・ます」の品詞による使い分けは厄介だから、いずれ「です」によって統一されると、かつて予測した。「〜に注目です」「感謝です」「了解です」などと言うのも、この変化として位置づけられる。ところが、「です」の「で」を「っ」に変えた「っす」は、一足先に用法が広がって、すべての品詞に付くようになった。「っす」によって、「ます」の退縮予測が実現された。

10.2　中間敬語「っす」の普及

　「っす」は、中間敬語・新敬語として、位置づけられる。「っす」は、起源としては運動部用語とされる。「後輩口調」という名付けが象徴するように、人間関係を目上・目下に2分するのでなく、もっと細かく表すための新表現と見ていい。「雨っす」のように名詞に、「いいっすよ」のように形容詞に、さらに「行くっすよ」のように動詞にも付く。単純化が進み、全部が「っす」ですむ。表3に示すように、「です」の活用形がそろう。「でしょ」から「っしょ」が生まれ、各地に広がった。「です」の活用形のもう1つ、「でした」についても、「っした」が観察される。「お疲れ様っした」など。

表 3 「っす」の活用形と起源

です	desu	→	Qsu	っす	後輩口調
でしょ	desho	→	Qsho	っしょ	北海道弁
でした	deshita	→	Qshita	っした	名無し？

Q は促音「っ」を示す。

　このように体系性が明確になり、「っす体」と呼びうる。これは敬語と「タメ語（タメ口）」（敬体と常体）の使い分けの間に入り込む。ただし「っす」は、「ですます」よりも下位に位置づけられ、改まった場面では、使われない。

　これにより現代日本語の丁寧語による文体は細分された。単純に目上と目下に二分するとらえ方が後退して、中間段階が多くなり、心理的親疎による使い分けが可能になった。日本社会の人間関係のとらえ方が変わり、対人配慮、距離調節が重んじられるようになり、聞き手への配慮が際立つようになった。敬語が人間のコミュニケーションの情的・心理的側面に働きかけることによる必然的変化と言える。

　語彙の統計的性格に関するジップの法則によれば、語の長さと使用頻度数は反比例する[4]。よく使われる常体が短く、丁寧な敬語ほど長いのは法則に合っている。一方現代社会で「ですます体」が多く使われデフォルトになれば、短くなると予想される。「っす」はこの予想に合致する。敬語史から言って後発の「です」「っす」が広がっている。丁寧語全盛時代に向かっている。

— 11 —

敬語の誤用・受容・教養（第 7 章 5）

11.1　熟練労働としての敬語採用

　ことばの年齢差は言語変化の忠実な反映ではない。社会言語学的能力は、ライフステージに従って成人後に採用される。敬語の習得は、熟練労働で、《見よう見まね》、《人の振り見て我が振り直せ》で習得していくしかない。

4　無標の言語表現は有標のものより短い傾向がある。

11.2　誤用は変化の始まり

　日本語の「乱れ」の例として敬語が槍玉に挙げられることが多いが、「変化」として扱うほうがいい。「誤用は変化の始まり」と考えられ、普及するに従って「言いまちがい → 誤用・乱れ → ゆれ → 慣用 → 正用」の段階を踏む。現代の誤用とされる例を挙げよう。「おっしゃられる」などの二重敬語・過剰敬語は誤用とされる。「お召し上がりになられる」は三重敬語といえる。また尊敬語「お〜になる」と謙譲語「お〜する」との混同は、敬語実用書でよく取り上げられる。謙譲語の衰退が背景にある。使用者の評価に関わるので、人生訓として「自らには厳しく、他人にはゆるやかに」が勧められる。新現象を取り入れるには、保守的に、「半歩遅れて」採用するのがよいとされる。

— 12 —
敬語変化の傾向（第7章6）

　現代敬語の変化は、日本語の長い歴史の連続の一部である。以下の4種の大きな傾向が指摘されるが、それぞれ社会の変化を背景にする。

12.1　敬意低減（逓減）の法則

　これは同じ語形の敬意の度合・効果が、使われているうちに下がる・薄れる現象で、「敬語の擦り減り、摩滅、待遇価値の下落、水準転移、インフレ」とも言われ、敬語の使用範囲が下の方へ拡大することをいう。一般的な意味の下落（オンナ）やタブー（クソ）と関わり、新語の登場、改名、新陳代謝と同じ基盤による。全世界の敬語現象に適用可能な普遍的法則と言える。

　敬語は文字からいうと「敬意・うやまい」を表すためのことばだが、現実の用法を見ると、必ずしも「敬う」から敬語を使うわけではない。自己つまり話し手を飾るために使うこともある。敬語は使用者イメージと結びつき、敬語の美化語化は丁寧語化、文体化、一般語化に連なる。

12.2　丁寧語の発達

　歴史的に見て、世の中が変わると、敬語の使い方が変わった。敬語が神仏

や天皇からふつうの人々にまで広がって、絶対敬語から相対敬語になり、目の前の人との対人関係を重んじるようになった。登場人物よりは目の前の聞き手に気を使うことが多くなり、敬語全体が丁寧語の「ですます」に似た使い方になった。現代の商業敬語が典型である。日本語史の長期的傾向である。

　敬語の使い方の変化は第三者敬語、つまり登場人物への敬語に現れる。昔の敬語では、お互いの目上目下の関係が分かれば、片方の目下の話し手だけが敬語を使った。第三者を話題にするときも、話し手にとって目上か目下かを考えればよく、話し相手にとって目上か目下かは考えなくてもよかった。その後敬語は、話題の人物の上下関係を表すものから、話し相手との左右関係を表すものに変化した。

12.3　敬語の民主化・平等化

　言語外の傾向の１つとして、敬語の民主化・平等化がある。タテ・上下（身分）関係からヨコ・左右（親疎）関係へ変わった。研究者により「シーソー敬語、上下から左右へ」とも表現される。戦後の経済成長に伴う一億総中流意識が背景にある。

　受恵表現「〜せていただく」の東京語での多用も民主化・平等化の反映である。「〜せていただく」は次のように使われる（文化庁文化審議会 2007）。

　　ア）相手側又は第三者の許可を受けて行い、
　　イ）そのことで恩恵を受けるという事実や気持ちのある場合に使われる。

「〜せていただく」は従来型の目上・目下の関係ではない、新しい人間関係にふさわしい表現として多用される。自分が恩恵を受けたかのように表現し、聞き手や第三者の上下関係に考慮を払わないで済む点では単純である。

12.4　方言起源の日本語敬語

　言語外の傾向として方言の影響がある。過去の江戸語・東京語でも起きた変化で、関西発信の受恵表現「〜せていただく」の全国普及が典型である。

最近の首都圏の敬語の変化では、周辺方言の影響が見られる。地方出自の新方言と同じ流れである。「タメ口」「タメ語」の進出がある。北関東などの「無敬語」と言われる地域の口調が、聞き手への不快感・違和感をもたらしつつも、進出している。敬語の習得の遅れ、敬語の成人後採用とも見られる。しかし、(一部の)学校の先生と生徒の無敬語と結びつけると、親疎関係を重んじて敬語使用を避ける傾向が、読み取れる。日本語としての敬語体系は存続しても、若い人が現実に使わないという形で、敬語の衰退が進む。

　開拓地・植民地での敬語の単純化・省エネ、ピジン化・クレオール化とも結びつく。異なった言語の話し手が接触して新しく混合言語を作る場合には、単純化が起こる。世界の多くの地域で敬語的な言い方が使われなくなる。日本語でも北海道方言やハワイ、カナダ太平洋岸の日本語で敬語の単純化または喪失があった。首都圏も地方からの移住者が多く、一種の植民地で、単純化が進む。

12.5　敬語は国民の常識・義務

　以上の敬語変化は過去からの連続で、言語普遍的、法則的だから、将来も続くだろう[5]。使用者の面からいうと敬語を使わないですむ人は少なくなり、全国民に普及する。以前は、へき地に住んで、敬語と縁のない暮らしの人がいた。しかし、社会の近代化・都市化と敬語は結びつき、今では、敬語は全国民の常識・義務のようになった。敬語以外の、広い意味での待遇表現やポライトネスと言われることばを使いこなせるかどうかも関係する。「敬語の成人後採用」という考えをとると、言語変化について、これまでと別のとらえ方が出てくる。人生の様々な段階で身につけることが見えてきた。中年以上になって採用される現象もある。

　一方でことばの面からいうと単純化が進んで、使いやすくなる。いわゆる敬語に頼らず、相手の心理に配慮した言い方が重要視される。つまり敬語に慣れない外国人にも通用するようなことばの使い方が広がる。これは、日本語学習者にとっても有用だろう。国によっては中学校・高校の段階でも日本

5　ただし逆行することもある。政治体制の非民主化によって、敬語使用が逆行する現象は、西アジア某国のイスラム教宗教革命、東アジア某国の独裁政権の下で観察される。

語を教えるが、生徒が敬語を習うのを遅らせてもいい。

— 13 —
敬語と文字（第 8 章）

　ここから末尾までは、再び本書の第 8、9、10 章を参照しながら記述する。社会言語学の第 2 分野、言語変種の記述のうち、個人が使い分けるものに文字がある。本書第 8 章にあたる。敬語との関わりを述べる。

　本書第 8 章以外は話しことばを扱っている。しかし日本語では世界に冠たる複雑な文字体系を使っており、敬語に関わる現象も認められる。かなよりも漢字で書いたほうが格式が高く丁寧に感じられ、へたくそな崩し字よりも上手な楷書が尊重される。紙や筆記手段も丁寧さに関わり、冠婚葬祭で典型的に表れる。場面による違いは、相手の違いに結びつく。目上目下の意識と関係し、距離感とも関係する。

— 14 —
談話の敬語（第 9 章）

　以上が社会言語学の第 2 分野についてだった。第 3 分野は、言語（体系）の運用を扱い、談話の規則性を研究する。敬語に関わる現象は、時間軸の中での話の進め方にも見られる。あいさつを言うかどうかや、話の長さにも敬語的配慮が関係する。二人以上が話すときの順番（話順）、割り込みや相槌も関係する。

14.1　広義の敬語、待遇表現

　ことばを対人関係の調節に使うときには、狭い意味の敬語だけでなく多様な現象を採用する。敬語と強く関係するのが依頼や命令に関わる表現である。日本語と英語の依頼表現の調査結果を見ると（井出ほか 1986）、類似点がある。日本人の学生もアメリカ人の学生も敬語表現を上から下に並べているし、その敬語表現をどの程度使うかで人間を並べている。

14.2　ポライトネス理論

　このような現象を広く扱うためには、従来のような3分類、5分類の敬語では不十分である。「待遇表現、配慮表現、敬意表現、敬語表現、敬語コミュニケーション、待遇コミュニケーション」と題する多様な研究が出てきた。また「ポライトネス理論」によって、世界の諸言語の中に日本語を位置づけることができる（ブラウン・レヴィンソン 2011）。ポライトネスの世界的な違いについても、対照研究がある。

14.3　マニュアル敬語の普及

　現代日本では「マニュアル敬語」がよく聞かれる。デパートの従業員や、航空機の客室乗務員は、ことばがマニュアル化されていて丁寧なことばを使う。スーパーやファミレス、コンビニも、ことばがマニュアル化されて、暗記すればいい。「マニュアル敬語」は「バイト敬語・コンビニ敬語・ファミ（リーレストラン）コン（ビニ）敬語」とも呼ばれる。談話の場で必要な表現を時間軸に沿って口にするだけである。マニュアル敬語には経済性があり、敬語習得が不十分な新卒者やアルバイターのためには効率的である。

　一方従来の文法的敬語の解体・拡張への兆しも見られる。敬語実用書、マニュアル本では、決まり文句、ビジネス表現を解説する。ビジネス用定型表現を解説し、「クッションことば」と称することがある。談話全体への配慮を示す表現を言う。狭義の敬語以外に、ぼかし表現・あいまい表現をも視野に入れた考察がある。聞き手に配慮した対話の手段で、敬語の周辺にあたる。

― 15 ―
談話と変異（第10章）

15.1　第4分野は変異と談話の組合せ

　最後に15で、社会言語学の第4分野について述べる。本書全体の構成では、第2分野と第3分野の原理を関連づけることが、第4分野の課題である。話し手は変異（第2分野）を談話（第3分野）の中で使いこなしている。ことばを配列するときに、外国語や方言、改まった言い方やくだけた言い方

を混ぜる。その様相を扱うのが、第 4 分野で、談話の中での変異の運用状況、変異の選択規則と普遍性がテーマである。

　ここでも第 2 分野と同じく、言語の側から（言語、方言、集団語などの順に）配列できる。中でも一般人が日常使い分けるのは、敬語である。その基準として、心理的距離がある。言語行動を社会的距離表示として把握する。敬語が不適切だと事件になる。売り言葉に買い言葉で乱暴なことばになり、殴り合いにいたることもある。「敬語傷害事件」「敬語殺人事件」のかなりが依頼表現・謝罪表現（の不十分さ）に関わる（井上 1999）。

15.2　敬語はコミュニケーションの要素
　一時点の表現の選択肢（パラダイム）を組み合わせ、時系列による文脈（シンタグム）を適切に並べることが、理想的な談話、会話である。従来の言語学の範囲を超えるが、コミュニケーションの全体を統括する理論に結びつく。言語学の発展は、長い単位へ向かう傾向があり、単語から、文、談話のように、もっと長く、広く扱うようになった。第 4 分野が到達点と言える。

15.3　言語管理理論による談話の管理
　人がことばを使い分ける点に着目したのが言語管理理論である。その守備範囲は、(1) 単純管理：個人の相互行為（談話）と (2) 組織管理：集団の言語計画（マクロの言語計画と言語問題）を含む。個人の個々の談話のプロセス全体を、実際の言語行動に出る前の意識や態度を含めて扱う。第 4 分野に位置付けられ、敬語が適切な研究対象になる。

15.4　ディスコース・ポライトネス
　ディスコース・ポライトネスは、敬語・ポライトネスに関する言語管理の実証的研究として位置づけられる（宇佐美編 2020）。一連の談話内部でのポライトネスの動的な変化に着目する。日本語では敬語があるために、談話の内部でのポライトネスの（下降、上昇の）動的な変化が観察しやすい。これは第 4 分野の実践と言える。

15.5　アコモデーション理論

　アコモデーション（応化）理論は、対話者間の心理的距離を調節する反応をとらえる理論である。第4分野の基本原理と言える。アコモデーション理論は、相手に合わせ、同じ話し方をする現象を扱う。相手と同化し、受容する態度をとることによって好意的反応がえられる。つまり接触によって同化する現象で、言語変化の基本を説明できる。新しい敬語表現を耳にすると、相手に合わせて自分も使うのが例である。

15.6　敬語の変化と社会

　以上をまとめると、日本人は様々な言語行動の基準を持っている。成長のプロセスで身につけるが、その知識に変化がある。昔は、相手が目上だと丁重に扱っていたが、今は、相手と親しいかどうかを考える。別の目から見ると、敬語は言語外の、社会的な条件に従って使われ、言語使用の様々な面に現れる。社会言語学の研究分野すべてに顔を出す。以上の記述を通して、社会言語学の4分野のとらえ方が具体化したと期待したい。

■参考文献

ブラウン, ペネロピ・レヴィンソン, スティーヴン C.（著）田中典子（監訳）（2011）. ポライトネス―言語使用における、ある普遍現象―. 研究社.
文化庁文化審議会（2007）. 敬語の指針. www.bunka.go.jp/1kokugo/pdf/keigo_tousin.pdf
文化庁国語課（1997）. 国語に関する世論調査（平成9年1月調査）文化庁国語課.
文化庁国語課（2006）. 平成17度国語に関する世論調査（平成18年2月調査）日本人の敬語意識. 国立印刷局.
井出祥子・荻野綱男・川崎晶子・生田少子（1986）. 日本人とアメリカ人の敬語行動. 南雲堂.
井上史雄（1999）. 敬語はこわくない. 講談社現代新書.
井上史雄（2017）. 新・敬語論. NHK出版新書.
井上史雄（編）（2017）. 敬語は変わる. 大修館書店.
宇佐美まゆみ（編）（2020）. 自然会話分析への語用論的アプローチ―BTSJコーパスを利用して―. ひつじ書房.

■推薦図書 ─────────────────────────────

井上史雄（編）(2017). 敬語は変わる. 大修館書店.

　　グラフを多用して現代敬語の変化を論じ、敬語 3 分類、5 分類を説明する。

菊地康人 (2010). 敬語再入門. 講談社学術文庫.

　　現代東京の敬語の用法を網羅的に記述する。

文化庁文化審議会 (2007). 敬語の指針.

　　現代日本の敬語を整理し、目安として示す。インターネットでダウンロードできる。www.bunka.go.jp/1kokugo/pdf/keigo_tousin.pdf

調査の課題

1 「お」が付くことばを集めよう。どんな単語に多いか、考えよう。

2 自分自身これまで敬語について、教わったり、注意されたり、叱られたりした経験があるか、どんな機会だったか、思い出して整理してみよう。

3 「～っす」の使い方について、使用者や使用場面の面から、また前後の品詞の面から、整理してみよう。

第 8 章

日本語の文字
変異・政策・景観

笹原宏之

この章のポイント

日本語を表記する文字は要素と運用法が極めて多様であるため、政策に
よる規制がなされているものの、使用者が個々に選択、調整できる点が
多い。そのため社会言語学の視点に立てば格好の研究対象が随所に見付
かる。文字の使われ方は社会を多面的に反映する。

— 1 —
文字と社会

　日本語は、文字種、用法、表記法ともに世界でも類を見ない多様で複雑な
システムを有しており、小さな集団や場面ごとの変異も豊富に現れる。この
ため、文字論を構築するには最適な環境にある (河野 1994)。文字の要素の
種類が世界一多様であり、個々の字の運用法もまた多様性に満ちている。社
会言語学の観点から広く見渡す価値がある。

　文字種には、表意文字 (実際には読みももつため表語文字) である漢字と、
それから脱化した音節文字であるひらがな、カタカナをそれぞれ文字種とし
て含んでいる。音素文字であるローマ字も使用する場面が少なからずあり、
すべての類型を併用している極めて稀な文字体系をもっている。漢字の機能
としては、音読みだけでなく訓読みもある。

こうした多様な要素と用法が組み合わさって体系をなしている。さらに文字を使用する場面に応じて変異が生まれ、複雑系の動態を呈している。そこには公・私、言語景観から筆記素材や使用媒体の違いまで幅広い要因が働いている。そして、文字を使用する社会集団ごとにも特徴を呈する。つまり階層、地域、職業、ジェンダー、年齢など集団による文字の違いが観察できる。それらには時代ごとの政策や流行も関わる。人名の漢字には社会性と表現の個性が対立するケースが生じる。文字とそれによる表記に対して、こうした社会言語学で構築されたレベルを異にする観点に分けて対象化し、体系性を意識しつつ分析を行っていくことで、文字と社会との関連性、そして日本語の文字とその使用者の特質が明確となっていく。本章では、主に現代の状況に焦点を当てて記述を行う。合理化と西欧化の底流を読み取ることもできよう。なお、用語の定義は以下の通りとする。

字種：個々の字のこと。例：「国」と「國」は字形が異なるが字種は同じ。常用漢字は 2,136 字種。

字体：楷書の漢字の抽象化された形。字の「骨組み」ともいい、その具体的に紙面などに現れた形を字形と呼ぶ。

書記：文字を情報として書きとどめること。表記は、具体的な語を書きとどめることを指すのに対して、読みよりも内容を後のために残し蓄えることをいう。

— 2 —
日本語の文字の要素と用法の多様性

2.1 文字表記の国際的背景

現代世界で用いられている文字は、古代の黄河文明に由来する漢字系の文字と、エジプト文明の象形文字に由来する文字に二分される。以上の文字体系は、中国（儒教）文化圏、西欧文化圏を背景にして、地表上にほぼ排他的に分布していた。言語景観として世界的にアルファベットが広まりつつある。日本は漢字圏に属し、西欧のアルファベット（ローマ字）も受容している。漢字は、中国語圏では繁体字と簡体字が使われ、日本では主に常用漢字体が使われる。

　日本語の文字体系は、現代に限っても、漢字、ひらがな、カタカナ、さらにローマ字、アラビア数字、ローマ数字という狭義の文字体系（文字種）から成り立っている。同じ単語でもどの文字を使うかでニュアンスが異なる。例えば「広島」は改まった行政場面で、「ヒロシマ」は被爆・被曝と結びつけ、「ひろしま」は柔らかい観光場面で、「Hiroshima」はインターナショナルな場面で使われることが多い。カタカナは外来語や擬音語に使われるが、特別な意味を示したり目立たせたりするためにも使われる。ほかにもギリシャ文字は、幾何学や電気の単位（π Ω）や商品名、成句などで使われる。

　古代インドで用いられた梵字は、中国大陸、朝鮮半島を経由して仏典とともに伝来し、時に信仰の対象とされ、現在でも墓の卒塔婆やお守りに息づいている。古代日本で使用されたと一部で信じられている神代文字とよばれる一群の文字は、神社などで見られることがある。これは江戸時代に、ハングルに倣うなどして国学者の間で生み出された。集団文字（4節）としての性質は残すが、一般には読みや意味はほとんど解されず、神秘などの印象をもたらす図象となっている。

　ひらがな・カタカナは漢字を元にして日本で生まれたが、アイヌ語や日本諸方言や外国語のテキストの発音の表記にも使われる。標準的な日本語にない発音を表そうという試みがあり、一部は国際的な文字規格であるユニコードに登録された。「ト」[1]や「かきくけこ」に半濁点（°）を付ける；（ウ段やイ段の）かなを小書きする；ひらがなとカタカナを使い分ける；特別な字体を作るなどである。

　さらに絵文字・顔文字も用いられる場面があり、後述のように国際的にも登録された。

　漢字とひらがな・カタカナは、文章の中でまた1単語の中で交ぜて書かれるが、アルファベットは独立・異質のものとして混入されるのみだった。しかし「お散歩MAP」「うれC」のような交ぜ書きもある。さらに「いい友はフルーツ Eat more fruits」のように2言語のかけことばのように使われる。振り仮名の代わりの振りローマ字も見られる。外国人向けに「原宿」のそば

1　アイヌ語のカナ表記のため。

に Harajuku と小さい字で書くことがあったが、本の著者を表紙に示すときなどにも使われる。すべて小文字で haruki murakami のように書くこともある。

アルファベットの読み方は多様で、実際の発音は原語の知識にも左右される（「etc.」「CCCP」「pH」など）。記号の「.」「#」「&」「!」なども読み方が複数ある。

数字は、表意文字の典型であり読み方が多様だが、漢数字、アラビア数字、ローマ数字の使い分けがあり、和語（訓読み）・漢語（音読み）・外来語（英語など）で様々に読まれる。同じ表記でも読みが多様で、振り仮名がないので、知らない語は耳で確かめるしかない（「1日」「一日」「壱万円」「数Ⅱ」「5g」「5G」「十人十色」「1000km」「1000万円」など）。

それぞれの字種、例えば漢字は、内閣告示・訓令による社会一般での目安を示す常用漢字だけで2,136字に及ぶ。それ以外の漢字も新聞、雑誌などマスメディアなどでは日常的に1,000字以上使われており、社会的な層によってそこに多寡があるため、通用する字種の範囲（集合）が明確でない。文字の字体も多様性に富む。例えば「国」が現代の常用漢字だが、旧字体の「國」も固有名詞などで現在も使用されており、古臭さ、伝統や正当性を感じ取る心理も存在し、そうした知識や意識を利用する人や社会集団もある。高年齢層には、中国の則天武后の作った異体字「圀」を用いる人名も見られる。

2.2　漢字の多様性

漢字の音読みは中国語発音の時代差・地域差を反映する。訓読みは日本語の世界への漢字の受入れの多様さを示す。

音読みする漢語でも、「遵守」「順守」、「貫禄」「貫録」のように、表記に「ゆれ」が存在する同音異字が少なくない。それらには社会的な規範が明確になっていない部分があり、新たな表記によって生じるニュアンスの差を嫌う保守性を持った使用者層もある。そうした意識を生み出す要因としては、体系的な方針に基づく政策、社会的習慣や使用頻度、個々人の知識と意識など心理的条件、使用する筆記素材など物理的条件が挙げられ、実際にはそれらは相互に影響を与え合って循環を起こしている。

日本語では文字の用法もまた多様性を帯びている。医学の学界では「腔」

をコウではなくクウと読む、「口」「孔」との同音衝突を避けるためにいわゆる百姓読み（後述）が定着しており、位相的な音読みと呼びうる。漢字は、表語文字に分類されるが、日本では表意文字として機能することがある。例えば、テーマパークなどの施設の料金表に見られる「小人」は、人によって「ショウニン」「こびと」「こども」「ことな」など様々に心内で読まれている。表意的な表記（書記）であり、読みが明確でない記号的表記といえる。インターネット用語にも、読み不明の漢字列、象形文字的に使用する顔文字、アスキーアート（AA）のほか、誤字、誤読を定着させたもの（「既出」をガイシュツ、「脆弱」をキジャクなど）があり、そこには使用を通じて仲間意識を高め、排他性をもたせる役目も認められる。

　以下、種々の場面や集団における例を挙げながら検討していく。

― 3 ―
日本語の文字を使用する場面による多様性

3.1　場面による変異

　日本の識字率は、少なくとも都市部では江戸時代から比較的高かったとされるが、個々に見れば国民が共通して読める字と、そうとは限らない字とがある。

3.1.1　公私

　正式な場面や書類では、本来の正しいとされている字で書くべきだという意識が根強い。日本語学では、場面や社会的な集団によることばの違いを「位相」（phase）と呼んできた（菊沢 1933）。文字にも適用が可能である。

　日本語を表記する際には、漢字に、高い価値が認識されてきた。その漢字には、新たな異体字や国字が作り出された。国家が管理する戸籍では、人名に崩し字と略字、記号の使用が禁じられた。しかし、例外的な使用も見られ、姓での俗字の使用は認められている。社名や人名、地名においては、登記簿、戸籍や住民票などに旧字体や異体字で登録されているが、ふだんは通じやすい字体や、パソコン画面に出る字体で代用するケースがある。私的な場面では書きやすい字体を選ぶ人もいる。受理される程度に略すという意識

も確認でき、「新潟」の「潟」の字体を場面に応じて3段階に書き分けるという人もいる。そうした姓名の字画に対する細かなこだわりをもつ人でも、選挙の際には、ひらがな表記に変えて登録し、また疑問票の判断の際には、おおらかな表記を積極的に認めることがある。

3.1.2 相手（読み手）

不特定多数を読み手とする文章を書く場合には、誰にでも読めるように配慮して振り仮名付きやひらがなだけによる表記が多くなる。子供にはひらがなを、といった配慮を施した表記もある（子供のセリフを表そうとして、あえてひらがなだけで書くような技法による役割表記もある）。

「子供」は江戸時代からの表記（「供」は当て字）だが、戦後、大人の「お供」、従属物、神への「お供え」ではないといった二次的な解釈から「子ども」という交ぜ書きが主張され、教育関係者らを通じてマスメディアにまで実践が広がりつつある。一方、文部科学省では近年、大臣の指示によって内部で「子供」に統一した。同様に、「障害者」の存在は「害」ではないという新たな解釈と、この当て字は戦後の所産だという誤解から「障がい」という交ぜ書きや「障碍」という旧表記を復活させたものも公共機関や企業をはじめ、広く流通するようになってきた。これらは人権に関する後付けの俗解による特定の意識が表記に変動を与えたものだが、表記に対して差別意識の有無を感じ取る人たちも現れている。ただし、当事者の子供からはそうした意見が出ることは稀であり、また政治家はともかく障害者自身の意見としては「障害」のままがよいという声が根強く、社会的なコンセンサスを得られる結論は出ていない。「碍」がこの語専用の字になった時に、どのような文字に関する感覚すなわち文字感が醸成されるのか、過去の部首名を隠語としたような事象からは懸念が残る。

中国人や韓国人の姓名や地名をどのように表記し、読むかという選択は、なおも定まっておらず、相互に同じ方法をとろうとする傾向にある。

個人間では、敬称の「様」には、字体や書体、漢字かひらがなかというポライトネスによる書き分けがあり、そこに待遇表現が見出せる。親しい間柄での手紙やメールでは、モダリティーなどを相手（読み手）に誤解無く伝え

るために、また相手との距離を縮め、雰囲気を和らげてコミュニケーション
を円滑にするために、「(^^)」などの主に目の表情で感情を表現する顔文字
や絵文字が多用される傾向がある（笹原 1999, 尾山 2015）。顔文字はついに
大学のコース名に、ハートマークや星印は橋や交差点の名前にまで採用され
るに至ったが、場面に関わる規範意識から反発する声も一部にある（使用し
た大学のコースは後に廃止となった）。

　顔文字は古く、絵文字が新しい、さらに LINE のスタンプのほうが便利と
いう声もある。日本で生み出されたそうした絵文字は文字化けの危険性が
あったが、ユニコードに採用された。顔文字には、ハングルやタイ文字など
外国の文字を取り込むことがある一方で、カタカナ「ツ」は笑顔のマークと
して国外で広がりを見せた。アスキーアートも、文字性を失わせる視覚表現
である。

3.1.3　書写状況

　急いで筆記する必要がある場合、メモでは筆記の経済によって略字、略記
が頻出する。ノートなどでの普段使いのカジュアルな用字は、人名や地名、
専門用語などにも適用される。

3.2　筆記素材

　漢字は、筆記素材が書風、字形などに影響を及ぼす。毛筆を用いた伝統的
な書体を用いる場面では、伝統ある異体字が芸術作品の中で再生産されるこ
とがある。ガリ版（孔版）では、しばしば略字が用いられた。手書きの減少
は、特に若年層の略字や崩し字の使用と読解の機会を減らしている。

　電子機器は、文字の産出方法を激変させた。手書きでは「うつ」と書く人
も、パソコンでは「鬱」と打つのである（「鬱」を手書きで書く人は 14.2%
にすぎないが、ワープロ・パソコンでは 71.5% に達する。文化庁国語課
2006）。同音語などによる誤入力は、予測変換機能によってもなお避けがた
い（笹原 2002）。手で書かなくなったために、漢字を忘れるようになったと
の内省が聞かれる。スマートフォンでも、予測変換などのために自己の使お
うとする表記が変わるケース、知らなかった漢字を用いるケースが現れてい

る。

3.3　使用媒体

　情報を伝達するメディアによって使われる文字に違いがある。その差は文字体系、文字種、字種、字体、用法、表記法、書体などあらゆる面で見出される。例えば、字源に沿ったいわゆる康熙字典体の「麵」と、それを簡易化した字体の「麺」については、小説の紙面では前者が、テレビやパソコンなどの画面では情報交換のための日本産業規格である JIS 漢字の影響で後者が多いなど、メディアごとに字体の出現傾向に差が確認された（笹原 1999）。

　辞書もメディアである。漢和辞典には現実の漢字とは離齬が見られる。例えば、「餅」は「餅」が正字とされていた。文部科学省の検定を経た国語などの教科書でさえも、表外字の字体に関しては、ゆれが確認される。

　マスメディアでも同様である。新聞では新聞協会、自社などの定めた表記規則が適用され、表記の統一が図られている。明確な基準を持たない雑誌や書籍（一部の社は厳格な独自の基準をもつ）よりも厳密に表記の統一が図られる。しかし現実の紙面では、かな表記にすべき「躊躇」（ちゅうちょ）が漢字で現れるといった例外も見られ、ことに署名記事に多い。辞書より現実に即した表記規則も設けられているが、「お腹」でなく「おなか」、「唐揚げ」でなく「空揚げ」、「餃子」でなく「ギョーザ」、「麻雀」でなく「マージャン」など一般の趨勢とのずれも見受けられる。小説欄や広告欄などでは街中の看板と同じ表記が多用される。新聞は活字が大きくなり、振り仮名が付されるようになったが、テレビはなおも画面上で読み取りづらいとして、振り仮名を避ける傾向にある。民放のテレビ画面では、字数の制約もあって表外字、表外音訓もしばしば使用される。

　芸術や個人の表現に属する文芸作品は、常用漢字表でも漢字使用が自由とされる。小説、詩、ライトノベルのほか、歌謡曲、アニメ、ゲームの題名や歌詞、漫画の吹き出しのセリフなどには、「ひと」（人）「おもい」（思い）にニュアンスを視覚的に示す重層的な表記、作品世界を構築するための独創的な表記が多数見られる（笹原 2010）。戦後、一部で使われた「押忍」（おす）（大森 2016）や「本気」（まじ）も認知度を高めた。「よろしく」に対する否

定的な意味の漢字を当てた音訳の「夜露死苦」は、戦後に暴走族から始まったものだが、今なお若年層の間で遊戯的に用いられている。

　手紙では、伝統的な形式が重んじられ、「拝啓」「砌」（みぎり）「慶び」など日常や漢字政策から離れた、改まった漢字が使用されることがある。個人間の私的なやりとりを行うパーソナルメディア、プライベートメディアは、大抵うちとけた場面にあり、オリジナルな表記が創出されやすく、文字に個人的な変異が現れやすい。それを元にケータイ電話の絵文字も開発された（三宅 2012）。書風のレベルでは丸文字（漫画文字）、ヘタウマ文字、それをパソコン・ケータイに写したギャル文字などが 1970 年代以降次々と現れた。それらにはときに字体レベルでの変種まで確認され、近頃の「日本語の乱れ」として問題視される一方で、マスメディアに取り上げられることで、その意識を拡散、強化し、流行させる風潮がある。

　主に女性による親しい間柄での「♡」の多用は、自身の文章を飾るもので、読み上げると文全体の口調さえも変わる。文面を受け取った男性などは愛情表現だと誤解することがあり、ときにミスコミュニケーションが生じる。このように絵文字の使用傾向と解釈には性差が見出せる。LINE では、スタンプによるコミュニケーションも発達している。

　ブログやツイッターは、不特定多数か否かは別として他者に見せることが前提となっており、ある程度よそ行きの文字遣い・表記が現れやすい。

　食品さえも筆記素材となる。ケーキに誕生日の祝いのメッセージを記すことがあるが、生クリームのチューブを用いると込み入った「歳」は書きにくいため、「才」が選択されるといったケースが生まれる。

3.4　言語景観

　看板や種々掲示物などには、不特定多数の通行人に対して文字によって言語が示されている。街中も一種のテキスト（本文・教科書）として機能しているのであり、それらの文字の影響は少なくない。そこには、他言語の使用も見受けられる（庄司・バックハウス・クルマス編著 2009, 内山監修 2011）。ローマ字、簡体字、繁体字、ハングル、タイ文字、アラビア文字など外国の文字による表記で、行政による多言語サービスによるもの、観光客（インバ

ウンド）向けの実用的なもの、日本人に向けた雰囲気作りに寄与するだけの装飾的なものなど、それが誰に向けて、何を目的として記された文字なのかを検討しなくてはならない。さらに広告は、目立って関心を引かなければ伝達効果は薄い。

　公共空間で目に入る文字メディアには、公的なものから私的な小さな手書きの貼り紙まで含む。生活空間にある「潟」の略字「泻」を生活の中で全く見た覚えのない新潟市民も若年層に多く、文字生活とはどういうことなのかも考える必要がある。2000年前後の首都圏の街中における20万字余りでは、漢字（表）の占有率が30%程度と最も高く、それぞれ10%前後にすぎないひらがな、カタカナ、アラビア数字、ローマ字に勝っている。街中に存在する漢字は、「日店会中車円大時東場」の使用頻度が上位10字であるが、さほど印象的ではないだろう。

　車内広告、包装、値札、メニューなど接触頻度が高く、無意識にでも自分の文字・表記意識になんらかの影響をより多く与えている素材についても考慮に入れる必要があろう。それらは写真や動画に残りにくく、図書館や博物館にも収められにくい。公的な目を意識した文字・表記が使われる傾向が強いが、その一方で、宣伝効果、訴求力を追求した新しい際立った表現も目立っている。

　高速道路では、高速車両から読み取れるようにと点画を適宜省いた道路公団フォントが使われていたが、近年、汎用性の高いフォントへの切り替えが進められている。電子機器の発達に伴い、点（ドット）を組み合わせて字形を表現した文字も街中や画面上に増加してきた。

　看板に「大學」とあれば、「大学」よりも伝統を感じたり、所属する学生たちの偏差値が高そうだと感じる人もいる。酒場の看板では、学校で習う「酒」の字体ではなく、伝統的な筆写体（書写体）の「酒」という字体が頻出する（笹原・横山・ロング2003）。「そば」「しるこ」「せんべい」などでは、筆で書いたような変体仮名の使用によって、和風の老舗感や商品の高級感を演出できる。ただしその使用には様々な点で制限がかけられたこともあって、人名において変体仮名を用いている人たちは高齢の女性たちとなってきた。「竜」「龍」には、別字という意識のほか、西洋と東洋のドラゴンの違い

といった字体が醸しだすニュアンスによる使い分けが個々人に生じ、社会的な傾向を生み出しており、新聞は例外として、看板や小説、人名などで区別がなされている。

　商店の看板などには、個別の理由から「鱛」「鋲」など地域性を持った文字、ある集団に顕著な特徴を持った文字が出現する。

　歴史的な言語景観は、国内ではすでにかなりの程度失われているが、種々の方法によればある程度まで再現することが可能である。書籍の挿絵、浮世絵などの絵画にも看板に「きむ」などが描かれたものがある。

— **4** —
社会集団による多様性

　以下では、日本語の文字を使用する社会集団による多様性を紹介する。本書の枠組みに従って、ほぼ（地表上での）集団の規模の大きさの順に並べる。

4.1　国家の文字政策

　かつては天皇が漢音を奨励する詔勅を出したり、藩主や太政官が漢字の字種や字体を規制したり表記を変えたりすることがあった。文部（科学）省を中心とした明治以降の言語政策は、ほとんどが文字、それも漢字の整理に関する政策であり、それはなおも続いている。戦後、現代かな遣いが定められ、旧かな遣いは影をひそめた。

　ローマ字については、漢字仮名交じり文を公認する国語審議会の中で、日本語の音韻に沿った訓令式と主に英語に準拠したヘボン式という 2 種のローマ字表記が選定され、教育された。外務省のパスポートや JR 駅名はヘボン式を主としている。現実には jyo、cya、Satou、Ohta、Sim-basi のような表記も見られるが、国際的な流れに沿って英語式（またはワープロ式）のつづりが使われる。また公文書の書字方向が西洋の欧文式の横書きと定められ、句読点は「, 。」と定められていた。

　常用漢字表でも、言語表記のための規則性だけでなく、時代の変化に即し、社会での使用実態をくみ取って漢字の字種や音訓を採用してきた。そこでは手書きの習慣を取り込み、簡易化を推進する方針があった。

常用漢字表の字体については、2010年の改定で追加された字種では、国際規格をもとに作成されたユニコードにすでに登録されたいわゆる康熙字典体が優先される原則が生み出された。現実社会の動向の政策への反映は遅れがちである。「麺」「丼」「拉」なども社会の変化に伴う追加と言えるが（麺は議論のすえに旧字体となったが、従わない出版社もある）、コーパスの代わりとして選ばれた凸版印刷の漢字使用頻度表には小説などで用いられた古めかしい漢字も混ざっていた。「込む」は人々の語源意識の変化による「混む」が多用される現実を受けて、「混む」も認めるようになった。一方、使用頻度は高くても、「嬉」「嘘（噓）」「噂」など訓読みで用いられる字などに、採用されなかったものが残った。手書きなどでは一定の略字は使用を認め、さらにインターネット上で特に多用されている「鬱」は、手で書けなくても電子機器で打てればよいとする方針を打ち出した。この字は、特定の集団や場面において必要とされており、位相性の高い文字（集団文字、場面文字）としての性質も強まっていた。

　文部科学省（文化庁）は、伝統文化の保存、文芸の復興という役目を担っており、「歌舞伎」の3字目、「浄瑠璃」の2, 3字目を常用漢字表に採用するなどしたが、古典だけでなく日常生活に浸透している十二支の中にだけ現れる漢字はいまだに採用していない。文化庁は、常用漢字を国民全体の「広場の漢字」とし、かつ初等、中等教育なども視野に入れる必要があり、児童、生徒への教育のために複雑な字体などを簡易化、単純化することも行ってきた。教育に関しては、戦前の国定教科書の時代を経て、戦後になって、文部科学省内でも常用漢字の前身の当用漢字の担当課とは異なる部局において、学年別配当漢字表（教育漢字・学習漢字）が定められてきた。小学校の教科書を印刷する際に用いる教科書体の開発（標準字体とよばれる）も、それに従って行われて出版社ごとの字形のゆれが統一された。読字に困難を覚える人のために、筆勢の表現を抑えたユニバーサルデザインフォントも開発され、広まりつつある。

　さらに漢字の字形の細部に関してなど、個々の教員による教室独自の基準も見受けられ、各種試験や入学判定などでも、許容範囲を巡り問題となることがある。文化審議会国語分科会では、その問題を解消するために、常用漢

字表の考え方を普及することを図った。「印刷標準字体」、「標準字体」など
は、出版界の実務や教育などの現場のレベルで採用されることがある。その
一方で、法治国家であるにもかかわらず法令や公文書にさえも表外字や許容
とされる字体、規範性に背く字体が使われているという事実は見逃すことが
できない。

　「人名用漢字」は、新生児などの名に用いることのできる字として、常用
漢字以外のものを法務省が示したものだが、「常用平易な文字」の適用を
巡っては裁判が繰り返されてきた。2003 年に「曽」が最高裁判所によって
常用平易と認定され、「人名用漢字」という法務省令が無効で違法な状態で
あると決定したことは、三権分立を堅持する中で司法が行政の漢字施策を否
定する画期的な判例となった。文化庁の政策は、経済産業省の文字コード政
策とも協調が図られるようになったが、それぞれの目指すところの違いと縦
割り行政により、十全でない面があった。

4.2　姓名・地名などの固有名詞

　中国人や韓国人の姓名や地名をどのように表記し、読むかという選択は、
なおも定まっておらず、国家間の相互主義により、同じ方法をとろうとする
傾向にある。

　日本の姓は、地名に由来するものが大半を占めている。姓は一族あるいは
本家と分家とを読み方や異体字で区別することもある。制度の面では住民票
と戸籍とで作成時期や登録方針の違いによってずれも発生している。その総
体は国が調査を行わないために不明であるが、民間会社によれば「渡辺」の
2 字目には、異体字が 200 種類は存在しており、一家のアイデンティティー
と意識されることもある。「斎（藤）」などもそれに近いバリエーションを持
つ。「吉田」姓には、昔は武士だったからこの字体、農家だったから上部は
「土」と信じる人たちもいる。「沢」に対する「澤」のような旧字体であって
も、正式な名字の字体については、テレビの字幕ではそのまま出す方がよい
という意識は若年層に強い（塩田 2005）。

　人名の漢字の特殊性は、8 世紀の『古事記』の序文に、「日下（くさか）」
という熟字訓を同書の原典にあるままに用いると記されているところから、

その源の古いことがうかがえる。後には「朝」を「とも」、「徳」を「のり」と読ませるような「名乗り訓」も多数現れる。ほかに、名前に用いられる漢字には性差が現れやすい。

国会議員などの選挙の際に、マニフェストや選挙ポスターなどに表示される氏名を漢字ひらがな交じりとする立候補者が多い。実際に、頼りがいと親しみやすさを両立させた表記感を与えるとして好感が持たれる傾向が特に若年層に強い。一方、ミュージシャンであれば、カタカナ表記も相応しいと評価される。

戦艦の名称は戦後、自衛隊の艦船の名称となり、「日向」などの漢字表記をそのままひらがな表記に変えるなど、漢字が政治と関わることもある。

大学名では、慶應義塾大学については、同大学学生を中心に「广广」(戦前に生じた)、さらにその合字「广」が使われることがある。このように漢字の構成要素とは異なる文字種の要素を転用することがある。この造字法を模倣する他大の大学生がいるほか、字の用法では「東北(トンペー)」「本(ポン)女」(夲女とも)などが在学生の筆跡にも見られる(愛着心や負の評価が抱かれることがある)。

地名には、中国地方の「垰(たか)」のように漢字に地域らしさ、地区らしさが反映したものが多いが、よりよい意味を持つ漢字、あるいは種々の理由から仮名に変えるといった動きが古くからあり、伝統的な漢字を守ろうとする住民運動も起きる。地方議会の議員が提案した愛知県の「遷都麗空市(せんとれあ)」は市民が反対して実現しなかったが、広島県の「栗湖(マロンこ)」は命名された。

4.3　文字の地域差

地理的、空間的な広がりの中で生じる変異は言語においては方言(俚言、訛語)と特に分けて取り扱われる。日本では方言は仮名で表記されることが多いが、漢字も用いられ、そこに地域差も存在している。地域性を持った集団文字も、江戸時代の東北地方の鉱山における「閖(ゆり)」のように現れた。

「谷」は、タニを表記するが、東日本を中心にヤ・ヤツ・ヤチ・ヤトという俚言を表記する。これらのヤ系の読みはことに地名や姓に多く残っており、その勢力圏は日本を東西で分断している(笹原2013)。姓の表記にも例

えば「さかもと」には「坂本、阪本、坂元」の分布に地域性があり、「中島」の読み「なかじま・なかしま」などにも地域差が見られる。姓や地名での「隈」「薗」という字の使用は九州に集中する。海辺の地域では子の名前に「海」という字が選ばれやすい。

　九州では、「濃い」は「こゆい、こいい」、「掃く」は「はわく」と方言形で読まれる傾向がある。関西弁のホンマに対する「本間」など、漢字表記も近畿地方の一部で生じているが、「本真」が正しいあるいは漢字表記はないのに教養がないとの批判もなされる。名古屋周辺の「放課」(休み時間)、九州などの「離合」(すれ違い) など、漢字で書かれる漢語の方言は、気付きにくい (気付かない、気付かれにくい) 方言となっている。

　字形に関しては、部首名の「さんずいへん」(大阪など)、「あげつち」(土偏　佐賀)、「うったて」(横画などの起筆箇所　岡山・香川)、「チャラ書き・チャラ字」(雑な書き方や雑に書かれた文字　福井・石川など) などの俚言もあり、また書写教育の地域差による筆跡の差なども見出せることがある。そこには書風の地域差や個人差も関わるが、古代より存在した。

　共通語を表記する地域文字 (方言文字) もある (笹原 2013)。複雑な漢字、例えば「潟」をよく使う地域では、「臼」の部分を「旧」に替え、旁を「写」に替える、などといった略字が定着したり、独自の省略が進んだりすることがかつてあり、今でも高年齢層の手書きした筆跡や看板などに見られる。九州では「州」を「卅」と略記することが多い (三十を意味する既存の字体と衝突する)。和食のスシの表記には、「鮨」「鮓」「寿司」「寿し」に、地域差が顕著に現れており、看板などに分布の状況を見ることができる (笹原 2013)。食品名には表記のコノテーションが比較的多く存在する。「卵・玉子」「醤油・正油」「唐揚げ・空揚げ」などの表記のゆれすなわち同語異表記には、地域差や年代差、性差のあることが確かめられている (塩田・山下 2013)。

4.4　性別 (ジェンダー)

　平安時代、貴族社会において日記を男性は漢字 (男手)、女性はひらがな (女手) で書くという慣習が生じた。ひらがなを多くしてメールなどを書くと

かわいく映ると計算したり、手紙などで、かわいさを演出するために相手への敬称の「君」を「くん」とひらがなで表記したりする女子生徒もいる。敬称の「ちゃん」を「©」と略記する表記は、男子には読めないことが多い。

現在でも手書き文字には女性らしいとされる字形が存在し、若年層の丸文字、長体ヘタウマ文字、それを電子化したギャル文字などがかわいさを求めて生み出され、流行と衰退を繰り返している。筆跡には性差が現れやすく、日常的な楷書であっても特に「ふ」「ゆ」「恋」などの点画の続け方、はらい方、はね方に影響が現れやすい。普段は雑誌やテレビに出るモデルやクラスの言語ボス的な人物や人気者の書風を手本として真似て書くが、テストではきちんとした書風にコードを切り替えて書いたりするケースも見られる。

女子中高生の間では「大人」を「因囚」、「幸せ」を「囲せ」とするなど、本来の字義を無視して「口」を装飾として用いる工夫も見られる。これらはカラフルな色で書かれることもある。「(^^)」などの顔文字やメーカーがデザインした絵文字の使用の量と種類、特に「♡」の使用量と他者への配慮などの使用目的、解釈などに性差が現れることがあることは前述した。

女偏の漢字に対して階級的、封建的だとする批判が共産主義の中華人民共和国で起こり、日本においても、「婦」は女と箒（ほうき）だと見なし、また「嫁」「姑」「嫉妬」などの構成が槍玉に挙がることがある。ただし、それらの字源説はさまざまである。中学や大学等での書き取りによると、「化粧」と正確に漢字で書ける割合は男性よりも女性に多い一方で、「塁」の字体を知らない人も女性に優位になるといった傾向がある。

姓や地名は男性からの命名行為の痕跡が残る。「十八女」（さかり）は、徳島県の地名として安徳天皇などにまつわる各種の伝承とともに残っている。名付けには「誠」「翔」は男児に、「子」「美」は女児に多いといった性差も著しいが、流行による変動もまた激しいものがある。近年、若年層にはジェンダーレスな名を子に付けたいという声も高まってきた。

4.5　社会的階層

漢字を中国式に忠実に用いることは、知識人の教養であったが、母語の干渉を完全に避けることは困難であった。これを和臭（和習）と呼ぶ。

　かつて識字層には大きな偏りがあった。漢字をいくらか読めるがあまり詳しくない農民（百姓）は漢字を類推で音読みしてしまうとして、百姓読みと呼ばれた。字音と字訓を組み合わせた混種語を指す重箱読み、湯桶読みも、教養のない造語法として蔑視されることが起こった。非難や差別を受けた人々に対して、名前や戒名に相応しくない漢字を選んで与えることも起きた。キリシタン（クリスチャン）も禁教後は「切死丹」などの意味の悪い字を当てられた。

　日本では、その人の教養を漢字の知識が代表しているという意識が、今でも多くの人々に根付いている。かつて野口英世の母は、「勉強」を「べん京」と簡単な文字で記していた。当時は、社会的な身分が明確に残っており、女子の就学率が低かったため非識字者が特に女性に多かった。

　教育環境や学習態度、習得能力の差が書き取りに現れる。例えば常用漢字に追加されるまで、「完璧」「双璧」を書ける人は高学歴者や漢字能力検定1級取得者などに多かった。テレビ字幕の表記に対しては高学歴層が漢字を求める傾向がある（塩田2009）。

　保守的な右翼思想家は、旧字体と旧仮名遣いを正統なものと見なして好んで用いることがある。

　今でも、「一所懸命・一生懸命」「病膏肓（こうこう・こうもう）に入る」「入水（じゅすい・にゅうすい）」などでは、漢字の知識の差を意識し、新しい語形に対して蔑視をする層もある。「腥」（なまぐさい）を「月と星」と俗解して、新生児の命名に用いようとする類の知性や常識を感じさせにくい新奇な漢字の使用（キラキラネーム、いわゆるDQNネーム）に対しても、違和感が表明されることがある。

4.6　職業と集団文字

　文字使用には職業差、狭義の集団差もある。かつて僧侶・儒者は漢字・カタカナを用いたように、社会的な属性は使用する文字にも影響を与えた。魚名は現在、鮮魚店は仮名で表記することが多いが、すし店では漢字表記が多い。高級さと伝統感を演出するための雰囲気作りに寄与している。「すし」「寿司」より「鮨」、「コーヒー」より「珈琲」のほうが本格的な品質を持つ

高価なものに感じられ、看板、広告やメニューにおいて商品経済との関わりが生じている。「カレー」に対する「咖喱」のように歴史性の乏しい俗字も混在している。八百屋には「人肉」(仁肉)ニンニク、「楽京」ラッキョウ、「キャ別」キャベツ(当て字の茄別から)などの当て字が見受けられる。

学界においては、研究分野によっては、各学会と文部科学省が共同で編集した『学術用語集』の間でも、表記や字体が分かれて現れている。外来語表記も学会や業界ごとに差が生じている。

僧侶は日本に古代に伝来した呉音を用いる一方で、儒者は唐代長安の発音に基づく漢音を用いることを原則とした。現代でも仏教語に起因する単語は、呉音で読まれるものが多い。法律分野の用語を口語化する作業が続けられたが、「遺言」をユイゴンではなくイゴンと読むなど、一般との違いが目立つ。しかしそれによって専門用語としての用法を維持できるとの主張もなされている。

かつて貴族の間では、漢字の独特な読み方が、有職(ゆうそく)読み、故実読み、名目(みょうもく)読みなどと呼ばれた。業界ごとに位相文字も出現し、農業、漁業、土木建築、食品、植物などに関わる業種でもそうした造字がなされた。共通語ではなく業界の内部で通用する位相語を表記するために造られたものである。

「図書館」に対して、筆記経済を求めて「圕」という略字が、図書館学を学ぶ学生やそこで働く職員たちの間で使われている。字数が縮約されているため特定の1字における異体字というレベルを超えており、字種レベルの存在となっているため、位相的字種とよびうる。戦前に個人文字に始まったものの一つである(この字は専門家アクセントで読まれる傾向が見られないのだが、図書館学に関心を寄せる層の特質を合わせて考える必要があろう)。それとは別に一部の法学者の間では「登記」として使用されている。これらは、講義での板書の減少とパワーポイントやオンライン講義の普及によって若年層には受け継がれなくなってきた。

「権」の略字「权」は、年配の人たちのほか、法律関係者や中国語習得者に理解され、ときに使用されている。これらは位相的な字体と呼びうる。「歪み」を文系の人間は「ゆがみ」、理系とギターを趣味とする人間は「ひず

み」と読む傾向がある。趣味のレベルでも位相文字が理解字さらには使用字となることがある。読書家だけでなく漫画やゲーム、歌謡曲が好きな人は、それらの世界の表記を獲得する（笹原 2007b）。趣味も漢字の理解に関わる。

「腺」は、医学用語を表記するために作られた国字であり、200 年ほど前には個人文字であった。それが出版物を通して使用者を増加させ、医師の間の集団文字となった。明治以降、辞書にも掲載され、一般にも使われるようになり（中国、韓国にも伝わる）、常用漢字表に採用され、医学用語を表記するたくさんの難解な漢字の中で、標準的な漢字にまでのぼりつめた。

専門家は、専門分野のキーワードに漢字表記を避ける傾向もある。言語学者は文学的なニュアンスを持った当て字「言葉」（和歌の「ことのは」をも想起させる）を避けて「ことば」と書く傾向がある。これは漢字のもつ字義やイメージに縛られないようにする表記行動といえる。語種や品詞、語義を意識した仮名表記なども見受けられる。歴史学者などの「クニ」「ムラ」は、主に字義の用語の語義との乖離を意識した結果であろうし、動物学者の「ヒト」、植物学者の「サクラ」などは主に他の漢字表記が困難な語の表記との統一性を求めた結果でもあろう。

校正者、校閲記者、編集者、フォントデザイナーなど、文字を専門に扱う職種がある。そこではそれぞれの文字使用と運用法に表記統一などの独特な傾向が見出せる。漢字と関わる機会の少ない職種もある一方で、文字を芸術的に扱う職業には書家もあり、独特な書風や字形が作品に伝承され、また創作もされている。作家にも、山本有三のように振り仮名を排し簡易な漢字しか用いずに作品を書くことを旨とするものもあれば、あえて難字を多用する作家もいて、表現とその効果に大きな幅が認められる。

4.7　年齢・年代

世代により文字・表記に変異が現れることがある。共時態であっても通時的な変化が反映するケースがある。例えば高年齢層は、表記や文字の時代による政策や教育内容、社会的な変化などを反映して、表記で「御」「迄」「呉れる」「智慧」といったいわゆる旧表記を多用し、字体でも「學」などの旧字体、「ゐ」「ゑ」「いふ」などの旧かな（仮名遣い）や、「世」の書写体「丗」、

反復のために「ゝ」や「くの字点」を習得していて使用するといった世代差が現れる。「第」の略字は、手書き機会の減少により、若年層は略字を書きたくない、書けないと述べ、新たには受け継がれなくなってきている。年齢を表す助数詞「歳」は、小学生が2年生の段階で「才」で習う。中学生になって「歳」を正式なものとして習うため、両字の用法の差については字体や字義から俗解が頻出している（交ぜ書きの制度や方法も同様で、一定の年齢集団がライフステージとして経験する）。「保」には年代により右下の部分に「木」と「ホ」との字形差が現れる（笹原2021）。

　名前には時代による流行が生じやすく、「亀」「子」「ゑ」などの字の使用率もそれらのイメージや学習機会の変化に伴って激減した。

　「行（な）う」などの送り仮名、外来語表記「ヴ」（英語のv音に対応。ブとも書ける）の使用なども、政策の変化によって、使用傾向に世代差や位相差、さらには語による差が現れる。苦しい音声の表記「ぇ」の類は、漫画や若者向け小説など、くだけたメディアに使われ、若年層では手紙などで使用されることがある。逆に、「頑張ってネ」のように末尾の終助詞をカタカナで記すことは、古臭いなどと非難する若者が増えた。

　筆順（書き順）は、字体とともに規範意識の固定化しやすいものであるが、世代によって習ったものが異なることがある。筆記経済に基づき、「コ」「己」を一筆書きすることが若年層に現れているが、毛筆の楷書を用いている時代には、不可能な筆法であった。この「コ」は、試験の答案用として、「ユ」との示差特徴を明示するために一筆で書くように一部で教えられているというテクニカルな理由も存在する。電子機器の普及とともに表示フォントの字形の影響が手書きの字形に現れている可能性がある。ローマ字やアラビア数字も同様に毛筆では書きにくかった。こうした字形に関する意識や行動には、ある年齢で更新も起こることを見逃すことはできない。

　また、手書きであっても、国語のノートを除くと横書きの機会が増えたため、縦書きの時には見られなかったはね方（例：「事」のｊをレとする）なども現れている。楷書しか書けない人が多く、その結果このような字形の差が現れることが多い。

4.8 流行

　共時態における意識を理解するため、あえて通時的な観点を導入すると、一般社会や特定の社会集団の中で流行する漢字が確認される。「昭」という字は漢籍から見出されて元号に採用され、大正から昭和に改元されてから新語のように「昭島」「昭和○○」「昭三」のように地名・社名・人名など固有名詞に多用された。そして平成期以降、過去の流行となった。「斗」「翔」「琉」「苺」も人名に流行した字といえる。

　「絆」は、特に2011年に発生した東日本大震災の頃から、キーワードのように多用される「きずな」という語の表記として頻出するようになり、一般からの投票によって決まる「今年の漢字」にも選ばれ、世相を後世に伝える。

4.9 個人文字

　文字の使用範囲ごとに見出しうる個性は、究極の最小単位として個人個人のもつ差になる。個人語（idiolect）に対応する個人文字が設定される。体系全体を扱うこともできるが、個人文字とよぶべきユニークな現象は、漢字では形・発音・意味に観察されることがある。個人的な誤字は社会性を欠くものであるが、初見でも解釈可能なことがあるため文字としての性質と機能性はかろうじて保持されている。ことに筆跡（手書き字形）の癖は各自の個性と結びついていて顕著である。

— 5 —
まとめ

　以上、文字、使用場面、社会集団に分けて述べてきた。最後に、それらの視点から今後の文字の問題を捉えてまとめとする。

　戦後の政策によって「藝」が「芸」へと変えられたが、そのせいで芸能が薄っぺらくなった、「躾」（室町時代に作られた国字）が採用されなかったためシツケがおろそかになったといった社会と漢字の関係を短絡する主張が聞かれる。硬筆の普及を背景とした漢字教育により、「木」のハネなどデザインの差にまで正誤の判定が教員によって個別に下される場面もあり、2016

年に文化庁より政策として「常用漢字表の字体・字形に関する指針」が公開された。マスメディアでは「乱獲」「義援」が用いられ、語義やイメージが変質したとの書き換えに対する慨嘆も漢字にこだわる層などから聞かれ、元に戻す例も生じている。

　メディアの影響力は増大し、漢字の変遷の経緯より、字源に対する関心が示されることが増えた。「「人」という字は、二人の人が支え合ってできている」という教育者から生まれた倫理と情緒の絡まる民間字源（俗解）が、視聴率の高いテレビドラマの中で、教員役のセリフとして放送され、象形文字の字源として信用された。奥深さが感じられる伝聞や直観に基づく信念は、漢字を文化として捉える一因となる。一方、学者字源に対しても、種々の権威や漢字の神秘性が意識され、懐疑が抱かれることは一般に稀で、辞書だけでなく、テレビ番組や新聞などマスメディアを通じて人々の意識に影響を与えている。

　戦後に国策として推進された漢字制限は、日本人の識字率を高め、新聞などを通して民主化を促進したが、その結果、漢字運用能力の平均化と底上げが進み、制限が規制と捉えられ、常用漢字表による基準緩和へと政策が転換した。漢字の筆順についても、元より大原則しかなかったのだが、公的基準を求める声が高まり、社会集団ごとに行われてきた習慣や諸案を整理して指導の手引きが作られた。しかし現在は失効していることを周知する必要がある。多様な筆順が見られる一方で、漢字に対する規範意識は個々人によって強化され、社会的に共有される状態となり、逸脱すると人物評価につなげられることさえある。公的な試験や漢字能力検定、マスメディアでもクイズとして出題されることがあるなど、社会全体で共有される慣習のようになっている。

　新生児の名前にも、姓名判断と呼ばれる根拠の乏しい画数占いによる漢字の選択が常態化している。漢字に対する意識の硬直化が漢字圏全体で進んでいるのは、教育とデジタル化したメディアの複合に基づく。命名に使用できる字種は公的な制限を受ける一方で、読み方は自由であるため、他者に読みにくい名が増え、漢字の社会性を脅かす一因となっている。

　日本では漢字が教養のバロメーターとされているだけでなく、「書は人な

り」と精神性や人間性と関連付けて文字が語られることがある。字形には習得した外国語の字形が影響することもある。「嬲」は、なぶると読む漢字であり、「嫐」もなぶるのほか、うわなり（後妻）と読むが、日本語を学ぶフランス人女性が前者を「まもる」、スペイン人男性が後者を「しあわせ」と読んだことは、東アジアとは異なる背景をもつ社会集団による「欧訓」が世に出る可能性を示唆する（漢字圏にある者も母語の漢字からの干渉が起こりやすい）。母語話者より詳しい漢字の知識と運用力を獲得する人も現れる一方で、漢字の学習が障壁となって日本語学習そのものを諦める人もいる。

　漢字は、冒頭に記した種々の性質から日本人にとって最も正式な文字と認識され、どこかに正しい漢字が存在していると空想されがちである。多くの日本人が、難しさとともに愛着を感じている文字でもある。そこには体系はもちろん個別の字や語ごとに上記の問題が満ちており、人々や組織は悩みを抱きつつあらゆる場面で使用を続けている。そうした特異な文字を共有する社会の中で、個々の状況と総体とを詳細に捕捉していくことが重要である。

■ 参考文献

文化庁国語課（2006）．平成 17 度国語に関する世論調査（平成 18 年 2 月調査）日本人の敬語意識．国立印刷局．

クルマス, フロリアン（著）諏訪功・菊池雅子・大谷弘道（訳）(1993)．ことばの経済学．大修館書店．

菊沢季生（1933）．国語位相論, 国語科学講座 III「国語学」．明治書院．

河野六郎（1994）．文字論．三省堂．

三宅和子（2012）．ケータイの絵文字—ヴィジュアル志向と対人配慮—．日本語学, 31(2), 14–24.

大森敏範（2016）．押忍とは何か？三五館．

尾山慎（2015）．現代版「絵文字」とその機能．國學院雑誌, 116, 1–16.

笹原宏之（1999）．漢字字体に対する大学生の接触頻度．計量国語学 22(2), 66–79.

笹原宏之（2002）．携帯メールにおける文字表記の特徴とその影響．社会言語科学, 5(1), 105–116.

笹原宏之（2006）．日本の漢字．岩波書店．

笹原宏之（2007a）．国字の位相と展開．三省堂．

笹原宏之（2007b）．「蛯」の使用分布の地域差とその背景．国語文字史の研究, 10, 245–266. 和泉書院．

笹原宏之（2010）．当て字・当て読み漢字表現辞典．三省堂．

笹原宏之（2013）．方言漢字．角川学芸出版．

笹原宏之（2021）．二五年間の「国語に関する世論調査」に現れた漢字などに関する意識．日本語学 40(2), 30–46.

笹原宏之・横山詔一・エリク＝ロング（2003）．現代日本の異体字—漢字環境学序説—．三省堂．

塩田雄大 (2005). 漢字に関する現代人の意識―「日本人と漢字に関する意識調査」から―. 放送研究と調査, 55(3), 2–21.

塩田雄大 (2009). 視聴者はどのくらい "漢字表記" を求めているのか―「放送における漢字表記についての調査」から―. 放送研究と調査, 59(7), 106–116.

塩田雄大・山下洋子 (2013). "卵焼き" より "玉子焼き"―日本語のゆれに関する調査（2013年3月）から①―. 放送研究と調査, 63(9), 40–59.

庄司博史・P. バックハウス・F. クルマス（編著）(2009). 日本の言語景観. 三元社.

内山純蔵（監修）中井精一, ダニエル・ロング（編）(2011). 世界の言語景観 日本の言語景観―景色のなかのことば―. 桂書房.

山根一眞 (1986). 変体少女文字の研究. 講談社.

読み書き能力調査委員会 (1951). 日本人の読み書き能力. 東京大学出版部.

読売新聞社会部 (1975–1976). 日本語の現場 1–3. 読売新聞社.

■ 推薦図書

笹原宏之 (2006). 日本の漢字. 岩波書店.
　　日本で漢字が職業、性、年齢、地域などにより変異を示す実態を記す。

庄司博史・P. バックハウス・F. クルマス（編著）(2009). 日本の言語景観. 三元社.
　　公共空間に存在する書きことばの多言語化などの状況を多角的に示す。

山根一眞 (1986). 変体少女文字の研究. 講談社. (2020　講談社文庫)
　　昭和の後期に、若年女性の間で大流行した丸文字の起源と背景を追う。

調査の課題

1 学校で習った覚えのない文字を街中や紙のメディアで見付けてみて、どういう素材に、どういう字が多いのかを考えよう。

2 自分が書いた文字（絵文字・顔文字を含め）が通じなかったり、間違っているといわれたりした経験を思い出して、分類整理してみよう。

3 名字や名前、地名に使われている漢字を観察して、字種、字体や読み方などで気付いたことを整理してみよう。

第9章

談話の規則性

小野寺典子

この章のポイント

この章では、普段私たちがあまり意識せずに行っている日常会話に、規則性が驚くほど見られることを解説する。コミュニケーション全体に関わる大原則（ポライトネス・協調の原則・会話の公理）から、談話構成に関わる小規則（順番・隣接応答ペアなど）まで、大小の順に見る。

— 1 —
談話モデルと、談話の規則性を司る大・小ルール

　談話の規則性については、学校教育の中で系統的に教えられることはほとんどない。敬語実用本で実例が断片的・散発的に取り上げられることはあるが、理論的裏付けがない。多くの人は実際に話していて、熟練労働として身に付けるが、個人差がある。談話の運び方は、人の注意をそらさない話し方、一人しゃべり、ぶっきらぼうな話し方、やさしい語りかけなど、様々なパターンで評価される。就職活動の面接で重視されるコミュニケーション能力も、この章で述べる談話の規則性と関連する。効果的・理想的な社会言語学的能力を身に付けるには、この章の中身をよく読むことが有効である。

　談話研究は、言語学の語用論に分類されることも多かったが、人が社会の中で複数の社会的要因（男女差・年齢差・世代差・地域差など）を背負ってコミュニケーションを行っていることを考えても、当然、社会言語学の枠組みの中でも捉えられる項目だろう。本章では、社会言語学の2大潮流であ

る変異と談話のうち、談話について、(1) 談話モデル、(2) 人が談話を生成する時に、参照するだろう大原則（ポライトネス・協調の原則）、(3) より具体的なルール（隣接応答ペア・好まれる応答形式・自己の編集・談話標識など）について解説する。(2) のコミュニケーション全体を司る大原則や、(3) の小ルールが働いていることで、談話に規則性（regularities）が見られるようになる。

　まず 2 節で、談話が立体的な 3D のような構造をしていることを、モデルを通して見る。そして、3、4 節で人が談話を生成する（produce; 話す）時に参照するため、結果として規則性を作り出す大原則（ポライトネス・協調の原則・会話の公理）を見る。さらに、談話構造に働くメカニズムという観点から 5 節で小規則（順番・隣接応答ペアなど）を見る。談話の規則性というものを大→小へと概観する。

　談話（discourse）は、書きことば（written discourse）と話しことば（spoken discourse）に分かれるが、本章では、「談話分析」（discourse analysis）分野においても主流と言える話しことば（話された談話）について取り上げる。1980 年代に、言語学に談話分析が紹介されて（Brown & Yule 1983, Tannen 1984 など）以来、話しことば研究は発達してきた[1]。

　1960 年代に、生成文法においてチョムスキーによる二分法（言語能力（competence）と言語運用（performance））が行われ、人の生来的な言語能力の解明を目指したために、言語使用を指す言語運用は研究対象から外されてしまった。この点についての懸念から立ち上げられたのが社会言語学であり、言語使用に含まれる男女差・世代差・地域差・場面差・人の親疎などの社会的要因を拾い上げ、研究対象とすることで、言語の本質をよりよく探求することを試みてきた。社会言語学においては、言語能力に対し、伝達能力（communicative competence）（Hymes 1974）が人のことばの使用に関する能

1　現在、話しことば研究には 2 つの主な潮流があり、談話分析（Discourse Analysis, DA; 言語学）か会話分析（Conversation Analysis, CA; 社会学。エスノメソドロジーとも呼ばれる学派。）の立場を取る研究者が多い。CA で明らかにされてきた順番（turns）、隣接応答ペア（adjacency pairs）、好まれる／好まれない応答形式（preference organization）といった基礎的概念は、今は DA でも談話を分析する際の基本ツールになっている。

力だと考えられている。すなわち、「場面や相手が異なると、人はどのように言語を使ったらよいか」に関する暗黙の文化的知識である。

— 2 —
談話の立体的構造

　話しことばによる談話（ことばの連なり）は、書きことばと異なり、人のダイナミックな相互作用（interaction; インタラクション）を含むことから、3D のような立体的構造をしている。ここでは、そうした構造をよく表しているシフリン（Schiffrin 1987）による談話モデルを紹介する。この後、ポライトネス（3 節）、言語学者ポール・グライスによる理論（4 節）、談話の生成に寄与する数々の項目（5 節）の解説がある。

　Schiffrin（1987）は、談話ということばのかたまりは、単に命題がやりとりされている場所ではなく、命題、言語行為（speech act）などの行為、さらには情報（新情報か既知情報かなど）などが操作される、少なくとも 5 つくらいの側面（plane または structure）が同時に働いていると考えた。

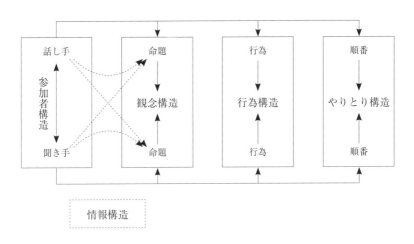

図 1　Schiffrin（1987: 24–29）の談話モデル

図1の左から「1 参加者構造」「2 観念構造」「3 行為構造」「4 やりとり構造」となっており、下の点線の四角は「5 情報構造」を表す。

1　参加者構造：参加する人、つまり、話し手・聞き手・聴衆とその関係。

2　観念構造：命題（含意）が単位であり、作用する場所。

3　行為構造：会話において見られる人の行為（参加者の言語行為、談話管理のための行為、社会的行為）が単位。

4　やりとり構造：いわゆる順番交替システム。単位は順番や隣接応答ペア。

5　情報構造：やりとりされる情報が単位。新情報か旧情報か、共有情報かなどが分析される。

　こうした構造が、互いに作用しながら、相互作用の中で総合的に談話を成り立たせている。談話の中で意味を見る際には、こうした5つのそれぞれ異なる構造において、様々な要素が織り合わさって意味をなしていることを意識しなければならない。

― 3 ―
ポライトネス

　人が話す時に参照する大原則の1つは、文化ごとに異なる規範であるポライトネスである。コミュニケーションの相手が、先生なのか、兄弟姉妹なのか、また、頼み事をしたいが、頼み事が大きなことか、小さなことか、によっても私たちの話し方は異なってくる。人や場面への配慮の問題である。

　こうした配慮について、ブラウンとレビンソン（Brown & Levinson 1987［田中監訳 2011］）、レイコフ（Lakoff 1973）、リーチ（Leech 1983［池上・河上訳 1987］）はそれぞれの見解を理論としてまとめた。特にブラウンとレビンソンの理論は、人の配慮は言語が異なっても共通性・普遍性を見せるとして、「言語使用における普遍性」を説いた。普遍性を認めた上で、言語文化ごとのポライトネス・ルールがある。ここでは、多くの研究で引用されている Brown & Levinson（1978, 1987）について概説する。

3.1　面子を傷つけない行動

　ブラウンとレビンソンの基本的な考え方は、「人とやりとりする時、言語

（および非言語）行動には相手の面子（メンツ、顔（face））を脅かす可能性
のある行為がある」というものである。面子は社会学者ゴフマン（Goffman
1967［浅野訳 2012］）の概念である。こうした行為を面子威嚇行為（face
threatening acts; FTA）と呼ぶ。図2のように、面子威嚇度の大小により、人
は配慮ストラテジーを選ぶと考えた。すなわち、面子威嚇が小さい（相手の
面子を傷つける度合いが低い）と考えたら、（1）「あからさまにはっきり言
う」ことができる。少しでも威嚇度が上がると、FTA を行って伝えたいこ
とは伝えるが、救済措置（redressive action; 配慮）を取り、（2）積極的配慮
（positive politeness; ポジティブなポライトネス）を選ぶ。あと少し威嚇度が
上がると（3）消極的配慮（negative politeness; ネガティブなポライトネス）を
選ぶ。もっと上がると、（4）「ほのめかす（非明示的）」ストラテジーで言外
に伝え、あまりに威嚇度が「大」と考えた場合は（5）もはや FTA 自体を行
わず、自分からは伝えずに過ごしてしまう、というものだ。

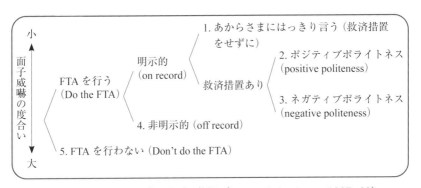

図2　配慮ストラテジー選びの状況（Brown & Levinson 1987: 60）

3.2　ネガティブポライトネスとポジティブポライトネス

　ブラウンとレビンソンのポライトネス理論で重要なのは、ポライトネスを
ネガティブとポジティブに二分した点であろう。日本やアメリカ、ブラジル
など国がちがえば、そこに根付いている文化、そして配慮の仕方は当然異
なってくる。井出ほか（1986）による日米大学生の依頼行動の比較でも報告
されたように、敬語を持つ日本人と、敬語を持たない言語の話者とでも配慮

行動が大きく変わってくる。

　ここでは、ネガティブポライトネスとポジティブポライトネスのちがいを理解し、それぞれの文化でどのようなポライトネスが求められているのかを考えられるようにしたい。

　　ネガティブポライトネス = 消極的配慮。相手のネガティブな面子を満たすもの。ネガティブな面子とは、人のなわばり・立ち入り禁止区域であり、行動の自由が守られるという権利を指す。
　　具体的には、「間接表現・垣根表現（hedge）・敬語・謝り・you や I を避けて it 構文を用いるなどの非人称化」といったストラテジーがある。
（Brown & Levinson 1987: 131; 筆者訳）
　　ポジティブポライトネス = 積極的配慮。相手のポジティブな面子を満たすもの。ポジティブな面子とは、人の自己像・パーソナリティのことで、この自己像を他者からも賞賛されたり、認められたいという欲求も含む。
（同上: 61; 筆者訳）
　　具体的には「冗談を言う・褒め・同意を求める・相手への関心を強める」などのストラテジーがある。
（同上: 102; 筆者訳）

　まとめて言うなら、ネガティブポライトネスは「自分が引いて、距離を取る」ことで相手に敬意や配慮を示すものであり、ポジティブポライトネスは、その逆で「相手に近づく」ことで相手に配慮を示すものとなる。

　日本人にとっては、母語である日本語に敬語があり、敬語がネガティブポライトネスとして距離を取るものなので、「ポライト」というとネガティブポライトネスが頭に浮かぶ。しかし、英語・スペイン語をはじめとするヨーロッパ諸言語には、2 人称代名詞などを除いて、文法的な敬語が存在しない。では、英語・スペイン語話者達はどのような配慮を行うのだろうか？彼らは、日本人とは異なる発想法つまりポジティブポライトネスも用い、「冗談・褒めなど」を行い、相手の顔（face）をパッと明るくすることで「配慮」する場合があることを心に留めたい。

　ポライトネスという、人のコミュニケーションを司る大原則は、どの言語

社会文化にも働き、その地域の談話の規則性を導いていると言える。そして、言語文化ごとに、実践されるネガティブポライトネス・ポジティブポライトネスの割合が異なるのではないだろうか。

― 4 ―
グライスによる協調の原則・会話の公理

　協調の原則・会話の公理（Grice 1975）も、社会言語学・語用論分野におけるコミュニケーション全体を司る大原則の 1 つである。

4.1　グライスによる協調の原則
　グライスによる協調の原則は、まずは会話コミュニケーションにおいて人が協調的であるという基本原則が働いていると示したものである。これを基盤として、4 つの会話の公理がある。下のようにもともと命令形で書かれているのだが、どれもそうしなさいというルールというわけではない。

協調の原則
今のこの話の目的・方向に合うように、話せ。
（1）質（quality）の公理
　　本当のこと（真実）を話せ。
　　（ⅰ）間違いと思うことを話すな。
　　（ⅱ）十分な証拠のないことを言うな。
（2）量（quantity）の公理
　　（ⅰ）目的にかなうよう、十分話せ。
　　（ⅱ）話し過ぎるな。
（3）関連性（relevance）の公理
　　関連したことを話せ。
（4）様式（manner）の公理
　　明瞭に話せ。
　　（ⅰ）不明瞭を避けよ。
　　（ⅱ）あいまいさを避けよ。

(iii) 簡潔にせよ。

(iv) 順番通りに話せ。

　グライスが唱えた協調の原則・会話の公理は、このようにすれば「会話者が最も効率よく、理性的・協力的に話せる」という原則であったが、一般に研究者からは「これは哲学者の理想であって、普段、人はこのようには話していない」と反論されている。ところが、グライスの考えは実はもっと深いところにある。以下 4.2 で説明してみよう。

4.2　含意

　英語会話の分析をしていると、話者がかなりストレートに「命題」を伝えている。命題とは、真または偽という性質を持つ事実関係のことである。ところが、日本語会話となると多くの場合ストレートではなく、間接的に伝えられている場合が多い。また英語・日本語に限らず、どの言語でも、直接・間接にメッセージ（言いたいこと）を伝えている。

　次の対話の例 (5) を見てみよう。含意 (implicature; 含まれた意味) の例文として、世界で最も有名なものの 1 つであろう。

(5) A：ビルはどこ？

　　 B：スーの家の前に黄色いフォルクスワーゲンが止まってるけど。

（Levinson 1983: 102; 筆者訳）

　ビルの居場所を聞く A の質問に対し、B は「黄色い車がスーの家の前に止まっている」と話している。一見、会話の公理の「量」「関連性」「様式の (i)」を破っているように見える。なぜなら、A の質問に 100% の量の情報を提供してあげるなら、ずばりビルの居場所を答えなくてはならないが、B はそれができていない。関連のないことを言って、A をはぐらかしているようにも見える。不明瞭なことを言い、協力的でないようにも見える。しかし、もう少し踏み込んで、この対話を考えてみよう。

　もし B が協調の原則を守っており、協調的な会話者なら、こんなことを

意図していたと考えられる。

「スーの家の前に黄色いフォルクスワーゲンが止まっている。ビルはその黄色い車を持っているから、<u>多分,,, ビルはスーの家の中にいる</u>と思うよ。」

つまり、B は、自分は部分的な答えしかできないが、精一杯協力的に、その場に合う発話をしようとしている。話者 B の「意味」は上の下線部であり、これが (5) B の発話（what is said; 文字通り言われたこと）の「含意」である。

グライスによる 4 つの会話の公理 (1) ～ (4) は、普段の会話においては厳しすぎるルールだという批判があるが、会話の公理を提示したグライスの意図は次のようなものだったと思われる。

「誰かが発話する。人が 100 人いて、100 人がほぼ同じ含意を、その発話から読み取れるのはなぜか。それは、協調の原則・会話の公理があって、人々が普段からその原則に合うような協調的態度で会話に臨んでいるからなのだ。」

このように、グライスの協調の原則・会話の公理も、「談話の規則性」を司る 1 つの大原則だと言える。

― 5 ―
談話構造に見られる規則性

5 節では、ポライトネスや協調の原則・会話の公理（大原則；3、4 節）と少し趣の異なる、もっと細かい規則性を見てみよう。談話分析をする際に、多くの規則性 (regularities) を発見することができるが、これまでに談話構造を形作るメカニズムがいくつも見つかっている。ここでは、「順番・フロア・TRP・隣接応答ペア・好まれる／好まれない応答形式・自己の編集（フィラーなど[2]）・談話標識」などを順に見てみよう。

話しことばの談話について具体的に見るために、(6) に日本語の対話

---

2 フィラーとは、filler（埋める語）である。話しことばの中では、間 (pause) や沈黙 (silence; 間より長い、誰も話さない時間) はコミュニケーション上の問題と感じられ、これを嫌うため、埋めようとする表現。日本語では「あの、ええ、で、そうね」、英語では "well, um, umm, uh" などが相当する。

（dialogue）の例を挙げる。談話分析では、(6) のようなトランスクリプトと呼ばれる文字化資料を用いる。(6) は、のりこがじゅんに対し、「日本語・英語以外のことばを話すかどうか」を尋ねる場面である[3]。

(6)

(a) のりこ：ほかの .. 外国語はどうですか？

(b) じゅん：僕はほかの外国語はしゃべれないですね ..

(c) 　　　うぅん，できたら勉強したいとは思いますけどね ..

(d) 　　　うぅん，残念ながら.

(e) のりこ：これまでに学校で，あの，勉強したとか.

(f) じゅん：ほかの外国語？

(g) のりこ：はい ..

(h) じゅん：大学のそうですね，大学の時に，ええ，第二外国語ですかね.

(i) のりこ：あ，そうですね.

(j) じゅん：あれはフランス語だったから. ＝

(k) のりこ：＝あ，そうですか. ＝

(l) じゅん：＝だけどフランス語はもう忘れてしまいましたね.

（対話つづく）

この対話の中にいくつもの規則性が見つけられる。以下の項目で見てみよう。

5.1　順番（turns）

　まず、順番（turns; 話順）は、談話を分析する際の最も基本の単位である。

3　本章の談話データ (6)、(13) で用いた文字化のための記号は以下の通りである（Tannen 1984, Schiffrin 1987, Schiffrin 2006: 175 より）。

　.　　文末の下降イントネーション

　,　　節末のイントネーション（後につづく）

　?　　yes/no 疑問のような最後に上がるイントネーション

　…　　間

　＝　　間発入れずに発話が続く場合

複数の参加者による会話では、一人が発話して止まり、次の話者が発話して、止まる。このように、順番が次々と交替して、談話がつながっていく。この模様は順番交替 (Sacks, Schegloff & Jefferson 1974) と呼ばれている。(6) ではまずのりこが発話し、(a) が 1 回分の発話となっている。次に、じゅんは (b) – (d) で、のりこの質問に答えて 1 回分の発話を行っている。こうした 1 回分を順番と呼ぶ。順番交替により、話者が代わるため、話者交替とも言える。

　この対話では、2 人の対話者の間でリズムよく順番が交替している様子がわかる。

5.2　発言権（floors）

　順番と関わる単位に発言権(floors; フロア)がある。会話の中では、トピック (話題) が変わっていくさまが見て取れるが、そのトピック (「その時何が話されているか」) の持ち主がおおよそ発言権の持ち主 (floor holder) と考えてよい。(6) では、まず (a) でのりこが新しい話題「外国語について」を持ち出す。この段階ではのりこに発言権があったとみられるが、その後の (b) から (l) の流れでは、じゅんが主な話し手となり、自身の外国語習得について語っている。この間ののりこの (i) や (k) は相づち的な短いコメントであり、(b) から (l) は、じゅんが発言権を持っていると言える。

5.3　TRP（移行関連場所）

　5.1 で、会話では順番が次々と交替すると述べた。英語の円滑な会話では、談話の流れのほんの 5% しか重複 (二人の話者の発話が重なること) せず、また、1 つの順番から次の順番までに 0.2–0.3 秒しかかからないと言われてきた (Levinson 1983)。

　会話において、誰かの発話が下降調になったり、明らかに発話の後に間 (pause) が空いたり、また質問の上昇イントネーションが起きたりすると、TRP (transition relevance place; 移行関連場所) が起きると考えられている。TRP とは、「話し手が交替するかもしれない場所」である。

　(6) においては、たとえば (a) の質問の後、(b) の各発話 (文の形のもの)

の後、(f) の確認の後、などに TRP が起きている。平叙文の形（発話）の後には、短い間が起きており、また、質問の上昇イントネーションの後も TRP として認識される。

　会話において、なぜ複数の人の発話重複も少なく、0.2–0.3 秒の間を置くだけで、順番移行がなされるかは、人がこの TRP を認知して、次の順番を取るからではないかと思われる。談話の中の 1 つの規則性と言える。

5.4　隣接応答ペア

　隣接応答ペア、そして 5.5 の「好まれる／好まれない応答形式」は、談話構造のメカニズムや規則性の解明に大きく貢献している（Schegloff & Sacks 1973）。会話分析（Conversation Analysis）が解明した現象の中でも、大きい。

　話し手と聞き手の順番が二者一組のセットとして存在する時、それを「隣接応答ペア」と呼ぶ（メイナード 1993）。代表的なものとして「質問−答え」がある。他には、「挨拶−挨拶」「呼びかけ−答え」「依頼−受諾」「依頼−却下」のような種類がある（同上: 25–26）。

　隣接応答ペアとは、次に挙げる条件的性質を満たすものということになる（Schegloff & Sacks 1973、メイナード 1993）。

1.　隣同士に位置する発話であること。
2.　異なった話し手による発話であること。
3.　第 1 ペア部分と第 2 ペア部分という 2 つの発話からなる。
4.　型にはまっている。したがって、特定の第 1 ペア部分が特定の第 2 ペア部分を誘発する。

　隣接応答ペアのおもしろさは、言語文化ごとに異なるペアが見つかるという点にもある。日本語の「挨拶−挨拶」ペアでは「いただきます」−「どうぞ召し上がれ」が一応型になっているように思われるが、フランス語では「ボナペティ！」（"Bon appetit" 召し上がれ）が第 1 ペア部分を成し、第 2 ペア部分のことばは見つからない（食べる行動に表れる）。挨拶ことばの数々にも決まったペアが見つかりそうであり、おもしろい文化比較が行えそうである。隣接応答ペアは、日常会話のそこここに存在している。上の対話 (6) においては、質問−答え（(a) − (b–d) など）が見られる。

5.5 好まれる／好まれない応答形式

5.5.1 種類と性質

好まれる／好まれない応答形式（preference organization）は、隣接応答ペアと密接に関連する現象である。これも談話構造の規則性をよく説明してくれる（Levinson 1983: 332–345）。

隣接応答ペアには、第 2 ペア部分が 1 つだけのもの（1 対 1 対応）と 2 つ以上あるもの（1 対 2 対応）がある。「挨拶－挨拶」は 1 対 1 対応で、上に挙げた「依頼－受諾」・「依頼－却下」は 1 対 2 対応ということになる。依頼（request）・申し出（offer）・招待（invitation; 誘い）には、通常、第 2 ペア部分が 2 つあるようである。

下の (7)(8) は招待に対する受諾 (7) と却下 (8) の例である（Levinson 1983: 333–334 (50)(51) 参照。筆者訳）。

(7) A：時々会いに来てね 「招待」
    B： もちろんよ 「受諾」
(8) A：もし今朝すこしでもうちに来て下さるなら，コーヒーでもご馳走したいんですが. 「招待」
    B：ええと， .. あのう， ご親切にありがとう.
    ＜前置き＞＜間＞＜談話標識＞ ＜感謝＞
    今朝はちょっと行かれそうにないんですね.
    ＜却下部分＞
    .. あの，今朝雑誌に広告を出していまして，電話があるかもしれないから，家にいないといけないんです.
    ＜説明＞
    「却下」

上で見るように、(7)(8) ではどちらも A により招待がなされている。(7) では B は招待を受け入れるため、すぐさま、A の発話が終わらないうちに受諾の発話（第 2 ペア部分）を発している。

ところが、問題は断る時である。(8) では、B は A の親切な招待に感謝しながらも、自分は用事があって A の招待を受けられない。(7) に比べ、ずいぶん長い発話を行って却下を行っている。

　このように、人は受諾を行うには、スムースに短い返答で済ませられるが、「断る」時には、それ相応の努力をし、相手の面子も傷つけないよう (3.2 ポライトネスの項を参照) 配慮を見せるさまが見て取れる。レビンソン (Levinson 1983) では、受諾パターンを好まれる応答形式 (preferred second part)、却下パターンは好まれない応答形式 (dispreferred second part) として、後者には次の (9) のような共通の性質があることを説いた。

(9) 好まれない応答形式の性質 (Levinson 1983: 334 より少し簡素版。筆者訳)
　(a) 遅れ：(i) 発話する前の間 (pause)。(ii) 前置きの使用 ((b) 参照)。(iii) 内包ペアなどによる置き換え。
　(b) 前置き：(i) 好まれない応答形式を知らせる談話標識 (英語例 Uh, Well. 日本語例「ええと、あのう」等)。(ii) 反論の前の「しるしとしての同意」(token agreement)。(iii) 感謝。(iv) 謝り。(v) 限定する表現 (英語例 I don't know for sure, but ….日本語例「完全にはわかりませんが」)。(vi) 躊躇を表す表現。
　(c) 説明：なぜ「却下」を行うかという理由説明。
　(d) 却下の部分：なんらか「却下」することを伝える部分。間接表現ややわらかな表現が多い。

　会話分析 (CA) では、もともと人がどのような行動パターンを取るのか、という問題そのものに関心があったと考えられるが、好まれる／好まれない応答形式の概念からも、人のコミュニケーションの規則性 (つまりは、生み出される談話の規則性) が見えてくる。

5.5.2　無標と有標
　好まれる／好まれない応答形式は、言語学のもう 1 つの概念でも説明さ

れる。それが無標と有標（unmarked vs. marked）である。そもそも「好まれる」というのは、話し手や聞き手の欲求といった心理的なものではなく、特に形態論（morphology）で用いられる構成的現象を指す言語学の概念「有標性」（markedness）に近い（Levinson 1983: 332–333）。無標とは「2 つ以上の項目がある時、より普通・より通常・他方より、より具体的（specific; 固有）でない方」（同上.: 333）のことである。

（10）　無標 vs. 有標の例
　　　 interesting vs. uninteresting
　　　 harmony vs. disharmony

（10）の例で見るように、左側の interesting, harmony は右側の uninteresting, disharmony より、より単純である。右側の語には un-, dis- という形態素（morpheme）が余計につき、語はより複雑かつ長くなっている。よって、左側の語が「無標」、右側の語が「有標」と判断される。
　　人の会話に見られる好まれる／好まれない応答形式も、「映画に行かない？」という招待に対して「はい！」と即座に答える受諾、つまり、好まれる応答形式は、談話構造的にも素早く、短く、円滑に進んでいく。だから、より通常・より普通の談話形式として見なされ、「無標」となる。対して、人が却下せねばならない時は、前置き（「あのう」や well などの談話標識）を置いたり、躊躇するため間が長くなったり、時に感謝や謝りを述べ、また理由を述べるため、談話が「長く」なり、より複雑な構造の第 2 ペア部分を発することになる。これをもって、「却下」という第 2 ペア部分（好まれない応答形式）が「有標」と呼ばれることととなる。

5.6　自己の編集
　　話しことばの談話に見られる規則性として、次に挙げるのは「自己の編集（self editing）」である。話しことばは、書きことばのように時間をかけて計画された言語（planned language）ではなく、ある程度のスピードを持って話さなければならない即時性という性質を持つ、計画されていない言語

（unplanned language）である。そのため、話者は事実関係を思い出したり、適切な語彙を選ぼうとしたりと、その場で自分を編集しつつ話しことばを生産し（produce）なければならない。

　たとえば（11）のような内容（命題）を、文の冒頭から書くのは可能だが、同じ内容を先生との会話の中で、とっさに説明するのは容易ではない。おそらく（12）のような発話になるのではないか。

（11）　2011 年 3 月 8 日に青山学院大学で行われた言語学についての研究会で、私は初めての口頭発表を行いました。　　　　　　〈書きことば〉

（12）　ええ、あれは今から 10 年前ですから .. 2011 年だったと思います。3 月の .. 初旬 .. 8 日だったと思いますが、言語学についての研究会が青山学院大でありまして、そこで私は初めての口頭発表を行いました。
　　　　　　　　　　　　　　　　　　　　　　　　　　〈話しことば〉

（11）と（12）を比べてみよう。書きことばと話しことばの性質がいくつか見えている。まず、書きことばの方が談話は統合された形（integration; Schiffrin 2006: 186–187）で、話しことばでは断片的（fragmentation; Schiffrin 同上）である。書きことば（11）で、「研究会」に「いつ、どこで、何についての」という長くまとまった修飾部がかかっている。話しことば（12）では、話者が「いつ」「どこで」「何について」といった命題部分に関わることを 1 つ 1 つ思い出しながら、整理しながら、ことばにしている（断片性）。

　また、書きことば（11）に見られず、話しことば（12）にある特徴は、「非流暢さ」（disfluencies; Scollon, Scollon & Jones 2012: 92）である。「あの、ええと」（談話標識やフィラー）、間（沈黙時間）が入ったり、語の配置転換（displacement）が起きる。言い間違いを修正（repair）することも起きる（例：「2009 年、あ、いえ .. 2010 年です」のように）。

　語彙を選び、配慮の程度を考える必要がある時も、話しことばには即時性があるため、人はフィラーで「ええ、あのー」"em, well" などと言いながら時間を稼ぎ、自分を編集しつつ、話しことば（談話）を作り出している。

5.7　談話標識

　会話の中に見られる規則性として挙げる最後のものは、談話標識(discourse markers; ディスコースマーカー) である。1987 年のシフリンの書により、それまで接続詞・副詞・間投詞・句などばらばらの言語項目と思われてきた 11 の表現[4]が、初めて 1 つのカテゴリーとして理論的に説明された。

　その後も研究は続けられているが、まとめてみよう。英語などヨーロッパ諸言語では文頭 (発話頭) で多く、文末 (発話末) においても少し、談話標識にあたるものが出現すると認められる。日本語・韓国語などでは、発話頭・末両方で多くの談話標識と見られる表現が用いられる (小野寺編 2017)。言語により、発話頭・発話末の比重のちがいはあっても、おそらく世界の言語に共通して談話標識は用いられ、人々の他者への配慮・心の持ちよう (state of mind) や談話運営上のアクションを伝えている。

　談話標識は 2 つの機能を持つ表現である。接続機能 (textual function) は、前と後をつなぐ機能であり、表出機能 (expressive function) は、人の感情・(間) 主観的態度や視点を伝える機能である。談話標識は「談話管理に関するアクション」「主観・間主観的スタンス」などをマークする。5.6 で述べた自己の編集も、談話を進める上での管理上のアクションの 1 つである。

　実際の標識がどのような働きをするのか、例を見てみよう。

(13) 日本語談話標識「でも」の「会話開始」
　　　(a) まり：**でも**，日本に帰ったら楽しみですね. 皆さん. おいしいもの
　　　(b) 　　　　一杯食べてきてください.
　　　(c) のりこ：ねえ. え？帰らないの？

　　　　　　　　　　　　　　　　　　　　　　　　　　　　　　(会話つづく)

4　Schiffrin (1987) では、*oh, well, and, but, or, so, because, now, then, y'know* と *I mean* を英語の談話標識として挙げている。研究者 (Schiffrin 1987, Brinton 1996, Fraser 1999 など) によって、どの表現を談話標識・語用論標識に含めるかは微妙に異なる。また話しことば・書きことばにおける談話標識も異なり、これも研究者の立場により扱い方が異なっているのが現状である。

(13) の日本語会話では、3 人の女性が同日午前中の「これから来る夏休み
に日本へ帰国するかどうか」の話題のつづきとして、授業後に学生ホールで
おしゃべりする場面である。まりが会話の口火を切った。(a) まりの「でも」
を聞き、あと 2 人の参加者ははっきりと「まりがなにか話を始める」こと
を認識している。このように、談話標識とは、「話者のこれからしようとす
る談話管理上のアクション」「話者がこれから言おうとすることが、談話の
前後とどのように関わるか」(Schiffrin 2006: 178) をマークし、聞き手の談
話の意味の理解を助ける。

　(13) で、もし話者まりが「でも」を用いなかったらどうだっただろう？
命題的にはなんら支障なく、「でも」がなくても変わりない。しかし、少
しまりの (a) が唐突に聞こえるかもしれない。また、「でも」(d 接続表現：
d-connectives の 1 つ。小野寺 2018 他) があることで、これからまりが言う
ことが「以前話していたことのどこかに関連する」ことが聞き手に伝わって
いる。これは「でも」の「で」(コピュラ) が前方照応的に先行談話の特定の
場所を指す機能を持つことによる[5]。

　上の「でも」は、談話標識が、話者の談話管理上これからするアクション
(会話開始) をマークしている例である。その表現 (標識) が発話されると、
次に何が起きるかがわかる。つまり、聞き手に知らせている。談話管理上の
アクションにはこの他にも「話題転換」「順番を取る」などがある (Onodera
2004 参照)。

— 6 —
まとめ

　本章では、人が行う談話行動に見られる様々な規則性 (regularities) を概
観した。規則性を生み出しているだろう大原則 (ポライトネス・協調の原
則・4 つの会話の公理)、そして談話構造の仕組みを作り出しているより細
かな小規則をいくつか見てみた。

　普段なにげなく、無意識のうちに行っている会話 (話される談話) の中に

5　d 接続表現の「前の談話を指す機能」(pro-predicate function) については、Onodera (2004: 4.4.1)
またOnodera (2014: 7.2, 7.3) に詳説がある。

は、本章で見たような規則性がいくつも存在している。規則性に貢献する、会話のメカニズムを成り立たせているいくつもの細かいルール（5 節）も働いている。学校の国語の時間に教えられることはないが、人間関係を築くにあたって、重要な働きをなす。

■ 参考文献 ───────────────────────────────

Brinton, Laurel J. (1996). *Pragmatic markers in English: Grammaticalization and discourse functions.* Berlin: Mouton de Gruyter.

Brown, Gillian & Yule, George (1983). *Discourse analysis.* Cambridge: Cambridge University Press.

Brown, Penelope & Levinson, Stephen C. (1978). Universals in language usage: Politeness phenomena. In E. Goody (Ed.), *Questions and politeness: Strategies in social interaction*, pp. 56–289. Cambridge: Cambridge University Press.

Brown, Penelope & Levinson, Stephen C. (1987). *Politeness: Some universals in language usage.* Cambridge: Cambridge University Press. [田中典子 (監訳)(2011). ポライトネス—言語使用における、ある普遍現象—. 研究社.]

Fraser, Bruce (1999). What are discourse markers? *Journal of Pragmatics*, 31, 931–952.

Goffman, Erving (1967). *Interaction ritual: Essays on face to face behavior.* New York: Doubleday. [浅野敏夫 (訳)(2012). 儀礼としての相互行為—対面行動の社会学—. 法政大学出版局.]

Grice, Paul (1975). Logic and conversation. In Cole, P & Morgan, J. L. (Eds.), *Syntax and semantics 3: Speech acts*, pp. 41–58. New York: Academic Press.

Hymes, Dell (1974). *Foundations in sociolinguistics: An ethnographic approach.* Philadelphia: University of Pennsylvania Press.

井出祥子・荻野綱男・川崎晶子・生田少子 (1986). 日本人とアメリカ人の敬語行動. 南雲堂.

Lakoff, Robin (1973). The logic of politeness: Or minding your p's and q's. *Proceedings of the Ninth Meeting of the Chicago Linguistic Society*, 292–305.

Leech, Geoffrey N. (1983). *Principles of pragmatics.* New York: Longman. [池上嘉彦・河上誓作 (訳)(1987). 語用論. 紀伊國屋書店.]

Levinson, Stephen C. (1983). *Pragmatics.* Cambridge: Cambridge University Press. [安井稔・奥田夏子 (訳)(1990). 英語語用論. 研究社出版.]

メイナード, 泉子 K. (1993). 会話分析. くろしお出版.

Onodera, Noriko O. (2004). *Japanese discourse markers: Synchronic and diachronic discourse analysis.* Amsterdam: John Benjamins.

Onodera, Noriko O. (2014). Setting up a mental space: A function of discourse markers at the left periphery (LP) and some observations about LP and RP in Japanese. In Beeching, Kate & Detges, Ulrich (Eds.), *Discourse functions at the left and right periphery: Crosslinguistic investigations of language use and language change*, pp. 92–116. Leiden: Brill.

小野寺典子 (2018). 構文化アプローチによる談話標識の発達—これまでの文法化・(間) 主観化に

替わるアプローチ―. 高田博行・小野寺典子・青木博史（編）歴史語用論の方法, pp. 116–140. ひつじ書房.

小野寺典子（編）(2017). 発話のはじめと終わり―語用論的調節のなされる場所―. ひつじ書房.

Sacks, Harvey, Schegloff, Emanuel, & Jefferson, Gail (1974). A Simplest systematic for the organization of turn-taking for conversation. *Language*, 50(4), 696–735.

Schegloff, Emanuel, & Sacks, Harvey (1973). Opening up closings. *Semiotica*, 7(4), 289–327.

Schiffrin, Deborah (1987). *Discourse markers.* Cambridge: Cambridge University Press.

Schiffrin, Deborah (2006). Discourse (Chapter 5). In Fasold, Ralph W. & Connor-Linton, Jeff (Eds.), *An introduction to language and linguistics*, pp. 169–203. Cambridge: Cambridge University Press.

Scollon, Ron, Scollon, Suzanne Wong, & Jones, Rodney H. (2012). *Intercultural communication: A discourse approach*, third edition. West Sussex: Wiley-Blackwell.

Tannen, Deborah (1984). *Conversational style: Analyzing talk among friends.* Norwood, NJ: Ablex.

■ 推薦図書 ────────────────────────────────

林宅男（編）(2008). 談話分析のアプローチ―理論と実践―. 研究社.
　　談話の分析に必要な基本項目（順番から会話スタイルまで）について、説明とデータ分析例を示す。

メイナード, 泉子・K (1993). 会話分析. くろしお出版.
　　談話分析に用いられる概念の説明と、日英語などの対照分析についても多くの記述がある。

橋内武 (1999). ディスコース―談話の織りなす世界―. くろしお出版.
　　談話分析の研究例を示し、また、レトリック・言語行為・相互作用の社会言語学など研究アプローチも説明する。

┌─────────────── 調査の課題 ───────────────┐

1 日本語会話では、発話のはじめによく言う「なんか」「って言うか」の他に、どのような表現（ディスコースマーカー）を使っているか考えよう。

2 人が対面で行う会話と、遠隔会話（オンラインのカメラオンで）では、間の取り方・相づちなどにどのようなちがいがあるか考えよう。

3 日本語の隣接応答ペア「挨拶－挨拶」には、「いただきます－召し上がれ」の他にどんなものがあるか考えよう。

└──────────────────────────────────────┘

第10章

談話と言語のバリエーション
その規則性と創造性

泉子・K・メイナード

この章のポイント

この章では、談話と変異（言語のバリエーション）に観察される言語の諸相に焦点を当てる。談話における「は」と指示詞の考察からは言語の規則性が、キャラクター・スピーク、方言、語りのスタイル、間ジャンル性の考察からは、創造性が明らかになる。テレビドラマ、ライトノベル、小説などのポップカルチャーをデータとし、広義の社会言語学のアプローチを通して分析・考察することで、日本の言語文化において演出され商品化される談話現象についての理解を深める。

— 1 —
談話と言語

社会言語学の重要概念として、談話（第9章）と変異（バリエーション）（第3–8章）があるが、両者の融合するところに興味深い現象が観察できる。談話分析では、文の文法では説明が困難な言語の現象を、談話の構造と運用に基づいて分析・考察し、新しい規則を発見してきた（第9章参照）。一方、談話の規則をあえて突き破り、バリエーションとして、創造性豊かな表現手段として使うことも多い。特に、より自由が許されるジャンル、ポップカル

チャーを中心としたマンガ、ライトノベル、ケータイ小説、現代小説などでは、その傾向が著しい。

　本章では、談話とバリエーションに関して、その規則性と創造性について概説したい。2節で日本語の姿を幅広く理解するために、代表的な文法・談話の現象を概観し、3、4節でポピュラーカルチャーを中心とした日本語のジャンルに広く見られる創造的な日本語表現を考察していこう。5節で社会言語学の可能性として、どのようなアプローチの仕方が考えられるかについて語りたい。

　なお、社会言語学では、変異という用語が使われるが、本章ではバリエーション（variation）という用語を、標準語・共通語・方言などに観察されるより広い言語の様相やスタイルを指して使うことにする。

— 2 —
談話の分析と規則性

2.1　談話の定義と分析の必要性

　談話とは、コミュニケーションを目的とする言語行為を指し、いわゆる話し言葉も書き言葉も含まれる。談話は語・句・文を含んだ大きな単位であるものの、実際には一語でも意味を伝えることができる。言語を談話現象として見ることは、ただ単位の拡大だけでなく、言語が何かを伝えるという生きたコミュニケーションの出来事として見ることでもある。社会言語学の一部として談話について理解することは、言語の機能を無視することなく、日本語が運用されるその意味を考えていくことなのである。

　ところで、文化人類学、民俗学、社会言語学、社会学などの影響を受け、話し言葉、特に日常会話の分析を進める会話分析という分野がある（メイナード 1993）（第9章参照）。会話分析は、日常会話だけでなくメディアを通した各種の話し言葉（例えば、ドラマ、バラエティ番組、アニメ、マンガなど）に応用できる。この章では書き言葉になった文学作品などを扱うが、作家の推敲を経た文章なので、臨時的要因に左右されず、信頼性のある分析ができる。

　なぜ、談話について学ぶ必要があるのだろうか。それは、文単位の文法だ

けでは説明できない現象があり、その分析方法にも文の文法とは異なった手法が必要になるからである。後述のように、「は」と「が」の使用について、文の文法だけで説明することはできない。「は」と「が」の使用によってもたらされる談話全体の表現効果を無視した説明では、あまり説得力がない。

2.2 談話における規則性

談話分析を通して、文の文法で見過ごされてきた、談話の規則性・予測性が発見されてきた（メイナード 1997, 2004, 2005）。2 つ紹介しよう。

2.2.1 「は」と「が」の選択とステージング操作

日本語の「は」と「が」について、その使用の条件や効果をどう説明したらいいのだろうか。一般的に「は」は旧（既知）情報、「が」は新（未知）情報に使われると言われている。例えば、昔話の冒頭で、「むかし、むかし、あるところに、おじいさんとおばあさんが住んでいました。おじいさんは山へ柴刈りに、おばあさんは川へ洗濯にいきました」などに見られるように、最初に出てくる登場人物は「が」で、後続する場合は「は」でマークするという具合である。しかし、談話を観察すると、情報の新旧で、すべての説明ができるわけではない。例えば、次のような場合はどうだろう。（実例はメイナード 1997, 2004 を参照されたい。）(1) には、「少女」が 3 回登場するが、初回以外は古い情報であるにもかかわらず、あえて「が」が使われている。この場合の「は」と「が」の選択理由を説明するために、「ステージング操作」という概念が役立つ。

(1) 少年は見知らぬ海沿いの町に着いた。しばらく歩いて「パラダイス」という古びた食堂に入った。少女がカウンターの向こうでグラスをふいていた。
「いらっしゃい」　少女が少年の方を見た。
少年は黙って奥のテーブルに着いた。少女が手を休めた。

ステージング操作とは、物語のステージを想像し、そのステージに誰が登

場し、どのくらい居続けるか、その表現効果を狙って「は」でマークしたり「は」を避けたりするストラテジーである。ステージング操作は、物語の視点にも関係している。物語では、語り手が（またそれを解釈する読者が）誰と一番近い位置に立って共感するのか、誰の視点に立ってイメージするのか、が重要になる。通常、読者は、「は」で提示された登場人物に近い距離から出来事を見る傾向があり、それなりに共感を覚えることになる。「は」付きの登場人物は、ステージに居続けスポットライトを浴び続ける。一方、「は」が使われない人物の行動は、「は」付きの人物の視点から描写されることが多いこともあって、読者は間接的に解釈することになる。「は」でマークされない人物は、ステージに登場し続けるわけではなく、随時現れると考えることができる。

　（1）では、読者は少年の視点から、少年を常にステージ上に置いて、その少年の身の上に起こる様子をイメージする。もし入れ替えて、「少年が」「少女は」とすると、逆に少女の視点から解釈することになる。このように、「は」と「が」の選択の理由と、それがもたらす効果を理解するためには、談話におけるステージング操作を理解する必要があるのである。

2.2.2　指示詞コソアの世界

　日本語の指示表現は一般的に話し手が現場にいる現場指示と、そうでない文脈指示に分けられる。現場指示では、話し手に近いものはコ系、聞き手に近いものはソ系、両者から離れている対象にはア系、という性格付けが可能であり、この場合現場の距離関係が基準になる。しかし、この性格付けでは理解できない場合も多くある。文脈指示の場合を注意して観察し、その機能を考察すると、異なった規則性が浮かび上がってくるのである。実際、談話における指示詞はむしろ、現場指示の意味を反映しながら、語り手の態度や情意を伝えるストラテジーとして機能することが多い。

　特に、ア系の指示表現には注意が必要である。対象が遠いところにあるとしても、語り手の心情は近く、親しい・懐かしい・いまいましい・残念だなど、感情的な思い入れがあるという情意を伝える。距離的に離れていても、思い入れのない対象で、一度紹介されたものに言及するときは、ア系でな

く、ソ系を使う。例えば、「昨日、君は知らないと思うけど、渋谷の居酒屋へ行ったんだ。<u>そこ</u>で、先輩に出くわしてさ」という表現が妥当である。ア系の対象は相手の記憶の中にあるものもあるが、具体的な指示対象がない場合もあり、相手に何か分からないと想定されても、相手が理解してくれるように願いながら、「<u>あそこ</u>の、<u>あれ</u>を持ってきて」などと使う。またときには、相手に同調したいばかりに、内心知らないことでも思い入れがあることを装って、「ああ、<u>あの</u>件ね」などと言うことさえある。

　文学作品では、読者との共感を狙ったストラテジーとして「あの」が使われる。(2) では、「美しいオリオンの」だけでも不自然ではないのだが、よだかが向かっていく空に読者との共感を促すために「あの」という指示表現が使われる。この場合は、厳密には「あの」は何かを指すというより、何かについての感情を込めた情意表現である。

(2)　よだかはその火のかすかな照りと、つめたい星あかりの中をとびめぐりました。それからもう一ぺん、飛びめぐりました。そして思い切って西のそらの、<u>あの</u>美しいオリオンの星の方に、まっすぐ飛びながら叫びました。　　　　　　　　　　　　　　（宮沢賢治 1961「よだかの星」新潮社）

　以上、談話分析によって明らかになる日本語の規則性を、「は」と指示詞の現象に限って例示した。談話分析や会話分析は、その分析の対象が具体的な言語の実践であることから、おのずと言語と社会の密接な関係を問うことに繋がる。その意味でも、談話分析は、社会言語学には欠かせない分析の枠組みのひとつであり、そのアプローチの仕方を広く応用することもできる。

— 3 —
言語のバリエーションと創造性

3.1　キャラクター、キャラ、キャラクター・スピーク

　言語のバリエーションを語る上で欠かせない概念に、キャラクター、キャラ、キャラクター・スピークがある。筆者はこれらの概念に基づいて、ポップカルチャーの談話を分析してきた（メイナード 2014, Maynard 2022）。

キャラクターとは、一般的に登場人物と言われる物語内の、または会話などを通した話し手の人物像であり、多くの場合、ステレオタイプ化されたイメージを伴う。一般的に典型的なキャラクターとして認められるものは多く、例えば、お嬢様、老人、ツンデレ、ヤンキー、などがある。加えて、キャラクターという概念を拡大し、話者の発想・発話態度や、例えば甲州弁を話す甲州キャラクターのように、方言使用者に典型的に観察される特徴をも含む。（なお、「話者」という表現を、書き言葉と話し言葉の両者の表現者という意味で使う。）

　キャラとは、ステレオタイプ化されたキャラクターの一側面を指し、キャラクターの一要素として付加されることが多い。キャラはある状況下で典型的に見られる言動を一時的に利用することで発動する。同じ言語行為でも、それが一貫してキャラクターに繋がる場合もあれば、一時的であってキャラ的なイメージを提示するにとどまることもある。例えば、ある物語の中でお嬢様がキャラクターとして登場する場合もあれば、お嬢様風の言動が一時的に使われれば、登場人物の一側面であるキャラ表現として機能する。この場合のキャラ提示は、キャラクターの典型的な特徴を、その特有の効果を狙って一時的に意図的に利用しているに過ぎない。

　キャラクター・スピークは、作者、語り手、登場人物など、すべての話者が駆使する広範囲にわたる表現手段を指す。キャラクター・スピークは、キャラクターやキャラを立ててそれを維持し、変化させ、管理する。ステレオタイプ化された人物像に直結するスタイルを提供するのみならず、一時的にあるキャラのイメージを想起させることで、話者の重層的なキャラクターを設定する。キャラクター・スピークには、あらゆるレベルの操作が起用される。語彙の選択、使用方法、イントネーション、接頭・接尾辞、口調、特殊語尾、「である」調などの文体（スタイル）、文法や談話構造、発話行為の選択と頻度、レトリックの綾、癖のある語や文、会話参加の仕方などが含まれる。廓言葉やお嬢様言葉、さらに古語、方言、世代差・性差によるバリエーションなどが使用される場合もある。

　まず、登場人物のキャラクターとして、お調子者のお嬢様キャラクターを観察しよう。テレビドラマ『貴族探偵』（2017 年 4–6 月放送、フジテレビ制

作) に登場する玉村依子である。このドラマは、貴族探偵を名乗る男と、探偵事務所に属する新米女探偵、高徳愛香が事件を解決していく探偵ドラマである。依子はひとり合点をするお調子者、ちゃっかり屋のお嬢様として登場するのだが、動作だけでなく、キャラクター・スピークを通してより鮮明に描かれる。(3) では、会話分析で知られる隣接応答ペアの規則 (質問と答えがペアを構成する) が守られていない (第 9 章参照)。依子は、愛香が「見たことはない、でも見たいとは思わない」と答えているのを無視して、見るように誘う。そんな自分勝手な依子のキャラクターが提示される。

(3) 依子：見たよねえ、まえ。
　　愛香：いや、ここに来たのは初めてですけど。
　　依子：あ、やだ、なんだ、早く言ってよ。見たい？
　　愛香：あ、いえ。
　　依子：しょうがないなあ。こっち来て、こっち、こっち。

(『貴族探偵』第 1 話)

　さらに依子のキャラクターを設定する次のようなシーンがある。愛香が土産を手渡すとき、「あのもしよかったらこれ」と言って差し出すと、依子はまず、「えっ」と驚き、愛香が「つまらないものなんですけど」と言うと、すかさず依子は「いいのに、つまらないもんなら」と言い返し、それに愛香が「ま、確かに」と納得する。この場合も、相手の期待に応えるべき反応を示さないという会話上の逸脱行為が、キャラクター・スピークとして機能している。

3.2　フィクションとしての方言

　社会言語学では、広く有意義に各地の方言が研究されてきた。音韻の変化や語彙使用の違い、さらに、会話における話者交替のあり方に至るまで、方言の特徴が発見されてきた。しかし、通常方言を使用しない者が、フィクションとしての方言を使うことも多い。関西域以外における関西方言の使用理由に関して、関西方言の好感度は若者および 30 代で高く、その評価

は、「楽しい、おもしろい、ノリ・テンポがいい、親しみやすい、あたたかい、やわらかい」などのキーワードに集約されるとされる。田中 (2011) は、話し手が生育地方言とは関わりなく、イメージとしての方言を臨時的に着脱することを指す「方言コスプレ」という概念を紹介している。現在の方言使用では方言のおもちゃ化が進み、メディアの影響を受けながら方言ステレオタイプが形成されるのだが、その例として、「おもしろい (大阪方言)、かわいい・女らしい (京都方言)、かっこいい (東京方言、大阪方言)、あたたかい (沖縄方言)、素朴 (東北方言)、男らしい (九州方言)」などをあげている。方言機能がこのような筆者の言うパトス (情意) 的な要素 (メイナード 2000) と密接に関係していることは、方言が話者のキャラクター設定やキャラ提示をよりカラフルなものにする可能性を秘めていることを示している。

　フィクションとしての方言を語る上で無視できないのは、NHK の連続テレビ小説『あまちゃん』(2013 年 4–9 月放送) である。ドラマは、岩手県久慈市をモデルにしたフィクション上の場所を舞台としている。使われる方言は脚本の一部として作られたものであり、本来の久慈方言ではない。主人公天野アキは、東京育ちでありながら、地元袖が浜の言葉を積極的に受け入れることで、地元を盛り上げるヒロインになる。この意味でアキの使う「方言」は、もともとフィクションであり、意図的に演じるという二重の意味でフィクションである。興味深いのは、フィクションとしてのバリエーションであっても、それが、キャラやキャラクター設定に役立っている点である。ここでは、天野アキと地元の高校生である足立ユイに焦点を当てて観察する。

　アキのバリエーションは、標準語から袖が浜方言へ変化する。アキの変身希望が最初に明らかになるのは、「じぇじぇじぇ」を真似ることで、海女の仲間入りをしようとするときである。アキは「うめえ」や「うめっ！」で方言を真似てパフォーマンスするものの、複雑な説明は標準語になるという経験を経て、次第に袖が浜方言を習得し袖が浜キャラクターに染まっていく。

　ユイのバリエーションの経験は、方言回避を望むことによる標準語への同調である。ユイは袖が浜脱出を夢見て、標準語 (ユイにとってはあくまでフィクションとしての東京言葉) を話す。一度も住んだことも行ったことも

ない東京に自分を置き一貫して標準語を使うユイは、東京の文化にあこがれ共感を抱いている。しかし、その夢かなわず、ユイが受容するバリエーションはフィクションであり続ける。井上（2000）の指摘にある通り、標準語と方言の両者を使う能力を持つ現代人にとって、標準語話者となることは比較的容易である。

　ユイが方言を使う数少ない例として、ドラマの最後で海女カフェで開催されるイベントでアキと協力するシーンがある。アキや他の関係者と地元を売り出すために協力することを意識して、ユイは袖が浜方言を標準語とコントラストしながら、(4c) で注意深く選んでいる。従属節は標準語のままなのだが、主節は「どんどん北三陸さ来てけろ！」と結んでいるのである。1つの文の中に複数のバリエーションが使用され、複数のキャラが呼び起こされる。

(4)

a.　ユイ：「2009 年夏にオープンした海女カフェですが、昨年の津波で被害を受け、未だ再建の目処が立っていません」（東京言葉）

b.　アキ：「震災前はこごさキレイな水槽が並んでいて、珍しい魚や、珍しぐねえ魚が沢山泳いでだんです」（方言）

c.　ユイ：「7 月 1 日の開業に向けて、私達も頑張りますので、皆さん、どんどん北三陸さ来てけろ！」（東京言葉、方言）

d.　アキ：「北鉄も畑野まで走るど！」（方言）

（宮藤官九郎 2013『NHK 連続テレビ小説「あまちゃん」
完全シナリオ集第 2 部』角川マガジンズ）

　『あまちゃん』で興味深いのは、アキとユイというふたりの女子高生の登場人物が、フィクションとしての袖が浜方言とフィクションとしての東京言葉を受容し、それがキャラクター設定に利用されている点である。アキの生育地の東京言葉を回避し、袖が浜方言を袖が浜だけでなく東京で東京出身の相手に対しても使うというキャラクター・スピークは、ドラマのエンターテインメント性を高めるだけでなく、方言の役割が従来のものから大きく変化

していることを示している。一方、ユイは、ある時期ヤンキー言葉を話す女ヤンキーとなることはあっても、結局東京言葉のキャラクターを維持する。この現象にも言語の選択を通して自分をどう演出するかという意図が観察でき、方言が創造のためのツールとして利用されていることが明らかになる。

3.3　語りのスタイル

　言語のバリエーションは、物語の語り手によっても駆使される。『涼宮ハルヒの憂鬱』の語り手・主人公のキョンの語りは、多様性を帯びている。『涼宮ハルヒの憂鬱』(2003) は谷川流によるライトノベルで、一人称語り手の男子高校生キョンの視点から、彼が、級友であり不思議な力を持つ涼宮ハルヒと、ハルヒを中心とするグループの活動に翻弄される日常を描いた作品である。一貫したキャラクターとしては、基本的に東京言葉でしかも若者言葉を話す高校生という設定であり、例えば「違うって、俺は襲う方じゃなくて助けに入っている方だっつーの」に見られるようなスタイルで、ざっくばらんなキャラクターとして登場する。キョンの語りで興味深いのは、キャラ提示としての各種のバリエーションが使われ、それによって語り手のカラフルなキャラが演じられることである。キョンの語りの中から、ここでは、心内会話、ツッコミ、アイロニー、若者風の乱暴言葉、殿様をイメージさせるスタイル、古風に命令するキャラ、関西弁キャラ、を観察しよう。

　まず、(5) には「そうかい、決まってるのかい。初めて知ったよ」という表現が、括弧で括られることなく、語り部分として提示されている。ライトノベルの会話体文章には、このような表現が多用されているのだが、筆者はこの現象を心内会話文として論じたことがある (メイナード 2014, 2017)。心内会話とは、語り手が会話に参加しているように提示されるものの、相手には聞こえない発話であり、それは、コンテキストによって4つの異なる機能を果たす。思考内容を暴露する (a)「思考心内会話」、直接引用される相手の会話に心内会話文で答える (b)「掛け合い心内会話」、相手なしで、ひとりで会話しているような心内会話で自分の心中を伝える (c)「一人相撲心内会話」、そして、直接引用に続いて心内会話で終わるというシフトが見られる (d)「会話つなぎ心内会話」の4つである。

(5)「あたしが気に入るようなクラブが変、そうでないのは全然普通。決
　　まってるでしょ」
　　そうかい、決まってるのかい。初めて知ったよ。

（谷川流 2003『涼宮ハルヒの憂鬱』角川書店）

　(5)の「そうかい、決まってるのかい。初めて知ったよ」は、(b)掛け合
い心内会話にあたる。ここでの心内会話は、率直に感情を吐露するキャラを
設定するのに役立つ。心内会話は、内的な告白として機能するため、心の奥
底にある思想や感情、不安や希望などを露わにすることになる。語り手や登
場人物の心理状況に、直接アクセスすることを可能にする演出方法なのであ
る。
　キョンの語りには、レトリックの綾が使用される。例えば、ハルヒが簡単
な紹介をする場面では、「もう紹介終わりかよ」や、みんなと噛み合わない
ときには「俺だけ除け者かよ」とツッコミを入れたりする。また、自分勝手
な解釈を主張するハルヒに対するアイロニー表現として、「ハルヒは高らか
にのたまった」という尊敬を表す古語を使う。この逸脱した表現は、それが
からかいや軽い軽蔑を伝えることもあって、キョンの少しふざけたキャラを
提示することになる。
　キョンは、心情や発話態度を強く表現するバリエーションを使うことがあ
る。それは、乱暴言葉にも聞こえる男子高校生のキャラ提示である。ハルヒ
の「いえー、SOS団、いよいよベールを脱ぐときが来たわよ。みんな、一
丸となってがんばっていきまっしょー！」に反応して「何がしたいんだろう
な、こいつはよ」が心内会話として使われたり、「このアマ、デジカメから
吸い出した画像データを俺が適当に作ったホームページに載せるつもりでい
やがったことが判明した」が語り部分に使われるなどである。
　キョンの語りのキャラクター・スピークには、「まこと真実とは明らかに
なってみれば下らないものであることよなあ」に見られる殿様のような逸脱
したスタイルも含まれる。他にも、やわらかい命令形の「安心したまえ」が
あり、それは明治時代の書生を思わせ、少々古風なキャラが付加される。さ
らに、「なんだって俺はこんなけったいなことに巻き込まれているんだ？」

201

や「情報統合思念体？　ヒューマノイド・インターフェース？　アホか」の
ように、関西弁キャラを提示することもある。関西弁話者の典型的なキャラ
クターとされるざっくばらんな態度を表現し、その逸脱性ゆえに読者の興味
を誘い、一種のおもしろさや親しみやすさが伝えられる。キョンの語りのス
タイルは、創造性に富んでいて、ときにはめまぐるしく変貌し続ける。こう
してライトノベルの読者が期待する語り手としてのキャラクターやキャラ
が、豊かに演出されるのである。

<h1 style="text-align:center">— 4 —
間テクスト性・間ジャンル性</h1>

4.1　ライトノベルの間ジャンル性

　日本語がどのように使われているかという問に答えるため、広い視野に立
つと、その談話には数々の表現手法が駆使されていることに気付く。本節で
は文学論の概念である間テクスト性と間ジャンル性（メイナード 2008）を応
用してライトノベルの作品に見られる創造性を観察したい。

　以下、ライトノベルの中でも、文学性の高い野村美月による作品、『“文学
少女”』シリーズの第 5 巻、『“文学少女”と慟哭の巡礼者』(2007)（以下『文
学少女』）に焦点を当てる。語り手である高校二年生の井上心葉（このは）は、
実際に文学作品（のページ）を食べて味わうという不思議な先輩、天野遠子
が部長を務める文芸部に、強制的に入部させられる。そこで心葉は、友人で
あった美羽（みう）をも巻き込む複雑な人間関係が絡んだ数々の出来事に遭
遇する。このシリーズでは実在の文学作品が題材となり、それをなぞるよう
な形で物語が展開したり、登場人物がその小説に思い入れがあるため深く影
響されたりする、という設定になっている。物語は心葉の一人称の語りで進
むのだが、ときには登場人物が一人称で語る場面もあり、複雑な構造になっ
ている。『文学少女』には、宮沢賢治と太宰治の作品が導入されているが、
ここでは宮沢作品の中から、「雨ニモマケズ」（詩）が導入される際の語りに
ついて考察する。

　間テクスト性は、相互テクスト性とも言われ、テクスト（文章）は他のテ

クストの引用として成り立っているとする概念である。引用は、いかなる場合でも、引用されるテクストの変形と場所の移動とを伴い、そのプロセスには、拡張、縮小、省略、無視、などが含まれるとするアプローチである。すべてのテクストは、もうひとつのテクストの吸収であり変形であると理解するのだが、異なったテクストの融合がもたらす効果が著しい場合には、特に間テクスト性が意識される（メイナード 2008）。

4.2 『文学少女』の間ジャンル性

間テクスト性をより拡大して観察すると、異なるジャンルの作品を交錯・融合させる間ジャンル性という現象が確認できる（メイナード 2008）。

『文学少女』における宮沢賢治の詩、「雨ニモマケズ」の引用に焦点を当てよう。「雨ニモマケズ」は、遠子先輩が、宮沢賢治について説明する部分で紹介される。その後、（6）の心葉の語り部分が続く。心葉は、詩をそのままではなく、「雨に負けるし、風に負ける」、「負けたくない」、「負けている」と、もじって語るのである。

(6) そんなことは、きっと不可能だ。ぼくらは簡単に、雨に負けるし、風に負ける。
　　負けたくないと願うのは、勝っている人じゃない。
　　それを願う時点で、ぼくらはすでに不安に揺れ、負けている。

（野村美月 2007『文学少女』）

『文学少女』の登場人物たちは「雨ニモマケズ」の理想とは、ほど遠い状況にあることが分かる。それは、（7）でも繰り返される。「人は、雨に負け、風に負ける」は、遠子先輩の言葉を思い出しながら、心葉が至る結論である。そして、その結論はまぎれもなく前テクストとしての宮沢賢治の詩を思い起こさせる。

(7) 遠子先輩が、澄んだ優しい目で、ぼくを、美羽を、見つめている。
　　人は、雨に負け、風に負ける。

闇に迷い、朝の光に晒された現実に、慟哭する。

（野村美月 2007『文学少女』）

　詩とライトノベルという異なるジャンルの融合は、テクストに変化をもたらし、視点のシフトを可能にする。瞬時にして、説明することなしに、あの「雨ニモマケズ」の世界を呼び込むことができるのである。ジャンルを交錯させることで、そこにサプライズ効果を生み、より豊かな語り手の姿が映し出される。そして、最終的には、間テクスト性も間ジャンル性も、そのような語りを実践する者としての、語り手の複数のキャラとキャラクターを設定することになる。

　以上、談話におけるバリエーションの機能について、実例を紹介した。

— 5 —

まとめ　談話とバリエーションの社会言語学

　社会言語学は言語学の中で、社会という環境を常に考慮に入れた学問として多くの有意義な研究テーマを追ってきた。中心的なテーマは、本書で既に触れられているので、本節では、これからの社会言語学の可能性として2点述べる。学問の領域を考える上で、外に向けてのメッセージと内に向かうメッセージという、2つの方向性を考えてみたい。

5.1　外に向けて：一人称表現の日英比較対照

　談話とバリエーションというテーマを、外に向けて発信するには、比較対照分析があり、特に翻訳テクストをデータの一部とする研究がある（メイナード 2019, Maynard 2022）。日本語のバリエーションが他言語にどのように反映されるか・されないか、されない場合は原作と翻訳の間にどのようなずれが認められ、それは何を意味するか、を問う研究である。ここでは、その一例として、小説に使われる一人称表現とその英訳を比較する。

　日本語の一人称表現はバリエーションに満ちている。筆者は言語の主体である話者と、物語の表現に使われる一人称表現に関して、話者の分裂という概念を応用して論じたことがある（メイナード 2019）。日本語の一人称では、

(a) ゼロ記号 (不使用、回避)、(b)「私」、(c)「自分」によって話者が分裂し、複数の自己が表現される。一人称表現の使用条件をまとめると、次のようになる。1. 話者は、前景化する必要がなければ (a) ゼロ記号となる；2. 客体的話者には (b)「私」およびそれに類する表現が使われる；3. 内面的話者には (c)「自分」が使われる；4. 小説における一人称の (a) ゼロ記号は、コンテキストからあえて言及する必要がない場合、また、トピックとして設定されていて提示する必要がない場合が多い；5. 小説の中で客体的話者を表層化して (b)「私」などとするのは、コントラスト効果のため明示する必要があるとき、私的な立場であることを明示するため、トピック構造の維持のため、などのことが多い。

　具体例として、一人称小説である『キッチン』(1991) とその英訳に焦点を当てて、(a) ゼロ記号、(b)「私」、(c)「自分」の使用状況を考察しよう。原作では一人称表現が省略されて (a) ゼロ記号となっていることが多いのだが、英訳では I, my, me などの人称代名詞が頻繁に使われる (メイナード 2019)。

　次の (8) のように一人称の語り手としての話者が (c)「自分」を使うと、多くの場合自省的な内面を指すことになる。主人公の「私」の内面にいる「自分」である。「身一つになりそうな私」とすると、(b)「私」の内面ではなく、もう一人の話者が客観的に捉えられた「私」として描き出される。「身一つになりそうな自分」という表現は、経験する話者の内面的な思いを感じさせ、思考過程に内在する話者自身の描写となる。(8b) の 'now at last I won't be torn between two places' という英訳は意訳としか言いようがなく、内面的な (c) 自分という把握の仕方はされていない。

(8) a.　最後の荷物が私の両足のわきにある。私は今度こそ身一つになりそうな自分を思うと、泣くに泣けない妙にわくわくした気持ちになってしまった。　　　　　　　（吉本ばなな 1991『キッチン』福武書店）

(8) b.　I carried the last of my things in both hands.　When I thought, now at last I won't be torn between two places, I began to feel strangely shaky, close to fears.（Megan Backus. 1991. *Kitchen*. New York: Grove Press.）

以上に見られるように、『キッチン』における日本語の一人称表現は、複数の視点を伝えている。その表現効果によって、話者は重層的な声を響かせることになるのだが、英訳では原作のような変化に富んだストラテジーを選ぶことはない。『キッチン』では、語り手としての話者の意識が作品を解釈するための重要な情報提供をしていることを考えると、ここでの表現性のずれは軽視できない。

　翻訳テクストを利用した比較対照は、日本語だけを見つめていたのでは表面化し難い日本語の本質を明らかにすることに繋がる。この作業を通して、日本語の姿と、日本語話者のあり方を世界に発信するための基盤を築くことができる。この意味で、社会言語学は将来、ますます重要性を増すものと思う。

　なお、翻訳テクストを用いた対照研究に関連して、コーパスを利用した研究もある。ヨーロッパで盛んな語用論の影響を受けた比較対照研究でコーパスを用いた分析は、ドイツ語と英語を対照するものが中心で、日本語と翻訳テクストを比較する大規模な分析はまだ少ない。日本語には、コーパスの入手、著作権の問題、ソフトウェアの選択・開発など、困難な面もあるのだが、大量のデータの分析を通して言語の隠れた特徴や傾向性を明らかにすることができるコーパス社会言語学、特に比較対照分析は、重要な分析方法であり、これからの研究が待たれる。

5.2　内に向けて：言語哲学的考察

　談話とバリエーションを分析・考察することは、内に向けての問いかけにも繋がる。それは、バリエーションを用いて、話者は何を表現しようとしているのかと問うことである。私たちは言語を通して物事を解釈する。自分の存在を意識し理解しようとするとき、私たちは外界と自分とを解釈学的関係に置く必要があるのだが、その解釈の手段を提供するのは言語である。言語と人間の存在意識がこのように深淵で繋がっていることを考えると、私たちが日常経験する言語の諸相も、人間の存在の有様と深く関係しているものと思える。社会言語学に従事しながら、話者とは何か、誰かという、哲学的思索を試みることも無意味ではない。

　かつてデカルトは、思惟と自我は同一のものであり、その自我は自己の内部で統一的に連続した存在としてあり、主体として考えたり行動したりするという同一的、統一的、主体的という近代的自我概念の形成を成し遂げた。そこでは「ロゴスの知」が求められ、人間的な、例えば記憶、心理過程、感情、想像力、創造性などを含む「パトスの知」（メイナード 1997, 2000）は否定されてきた。しかし、自己の概念を疑うポストモダンの動向とともに、西洋においても脱デカルト・非デカルトが主張されて久しい。話者はより複雑な存在として捉えられるようになった。話者複合論（メイナード 2017）のような哲学的考察は、言語を研究する者には興味深いテーマではないだろうか。日本語の談話現象やバリエーションは、話者のあり方を語る上での言語の指標であり、それは言語哲学のためのエビデンス（論拠）として存在する。その意味でも、日々変化しつつある日本社会で常に変容し続ける日本語の規則性と創造性を考察する社会言語学は、大きな可能性を秘めた学問の領域なのである。

■ 参考文献

井上史雄 (2000). 日本語の値段. 大修館書店.
メイナード, 泉子・K. (1993). 会話分析. くろしお出版.
メイナード, 泉子・K. (1997). 談話分析の可能性—理論・方法・日本語の表現性—. くろしお出版.
メイナード, 泉子・K. (2000). 情意の言語学—「場交渉論」と日本語表現のパトス—. くろしお出版.
メイナード, 泉子・K. (2004). 談話言語学—日本語のディスコースを創造する構成・レトリック・ストラテジーの研究—. くろしお出版.
メイナード, 泉子・K. (2005). 日本語教育の現場で使える 談話表現ハンドブック. くろしお出版.
メイナード, 泉子・K. (2008). マルチジャンル談話論—間ジャンル性と意味の創造—. くろしお出版.
メイナード, 泉子・K. (2012). ライトノベル表現論—会話・創造・遊びのディスコースの考察—. 明治書院.
メイナード, 泉子・K. (2014). ケータイ小説語考—私語りの会話体文章を探る—. 明治書院.
メイナード, 泉子・K. (2017). 話者の言語哲学—日本語文化を彩るバリエーションとキャラクター—. くろしお出版.
メイナード, 泉子・K. (2019). 日本語本質論—翻訳テクスト分析が映し出す姿—. 明治書院.
Maynard, Senko K. (2022). *Exploring the self, subjectivity, and character across Japanese and translation texts*. Leiden: Brill.
三宅直子 (2005). 関西域外における関西方言の受容について—好悪評価コメントより関西方言の

広がりとコミュニケーションの行方―. 陣内正敬・友定賢治（編）, 関西方言の広がりとコミュニケーションの行方, pp. 267–278. 和泉書院.

田中ゆかり（2011）.「方言コスプレ」の時代. 岩波書店.

■ 推薦図書 ─────────────────────────────

田中ゆかり（2011）.「方言コスプレ」の時代. 岩波書店.
　　通常関西弁を使わない者が、そのステレオタイプを利用してあえて使い、関西キャラを演じる。あたかもコスプレのように着脱するという新しい方言の姿を描く一冊。

メイナード, 泉子・K.（1997）. 談話分析の可能性―理論・方法・日本語の表現性―. くろしお出版.
　　談話分析の理論と枠組みを提示し、引用や名詞化現象を始め、対照言語学とクリティカル・ディスコース分析を紹介しながら、談話分析の可能性を提唱する概説書。

メイナード, 泉子・K.（2017）. 話者の言語哲学―日本語文化を彩るバリエーションとキャラクター―. くろしお出版.
　　ライトノベル、テレビドラマ、少女マンガなどのポピュラーカルチャーの談話分析を通して、話者とは何なのかを問う。バリエーションやキャラクター・スピークを駆使する話者とは何か・誰かという問に迫る言語哲学の試み。

調査の課題

1 自然言語とメディアを通した商品・作品としての談話の違いは何か考えよう。

2 自分が興味を持っている作品があれば、その談話に使われるバリエーションを幾つか選び、その効果について考えよう。

3 メディアミックスによる異なるジャンルの談話（例えばマンガとライトノベル、マンガと実写化されたドラマなど）の表現方法を比較してみよう。

人名索引

事項索引

211

執筆者紹介 （*は編著者）

■ 井上史雄（いのうえ・ふみお）*
東京外国語大学・明海大学名誉教授

■ 田邊和子（たなべ・かずこ）*
日本女子大学文学部教授

■ 堀江　薫（ほりえ・かおる）
名古屋大学文学部・大学院人文学研究科教授

■ 渋谷勝己（しぶや・かつみ）
大阪大学大学院人文学研究科教授

■ 塩田雄大（しおだ・たけひろ）
NHK 放送文化研究所主任研究員

■ 山下早代子（やました・さよこ）
東京医科歯科大学・明海大学・実践女子大学元教授

■ 笹原宏之（ささはら・ひろゆき）
早稲田大学社会科学総合学術院教授

■ 小野寺典子（おのでら・のりこ）
青山学院大学文学部教授

■ 泉子・K・メイナード（せんこ・K・めいなーど）
ニュージャージー州立ラトガース大学栄誉教授

しゃかいげんごがく　わくぐ
社会言語学の枠組み

2022 年 11 月 25 日　初版第 1 刷発行

	いのうえふみ お　　た なべかず こ
編著者	井上史雄・田邊和子
発行人	岡野秀夫
発　行	株式会社　くろしお出版
	〒 102-0084　東京都千代田区二番町 4-3
	TEL：03-6261-2867　FAX：03-6261-2879　WEB：www.9640.jp
装　丁	折原カズヒロ
印刷所	藤原印刷株式会社